用心理学践行社会主义核心价值观

韦志中　邓伟平◎著

台海出版社

图书在版编目（CIP）数据

用心理学践行社会主义核心价值观 / 韦志中，邓伟平著 -- 北京：台海出版社，2020.10
ISBN 978-7-5168-2754-3

Ⅰ. ①用… Ⅱ. ①韦… ②邓… Ⅲ. ①社会主义核心价值观－研究－中国 Ⅳ. ① D616

中国版本图书馆 CIP 数据核字（2020）第 180165 号

用心理学践行社会主义核心价值观

著　　者：韦志中　邓伟平

出 版 人：蔡　旭
责任编辑：赵旭雯

出版发行：台海出版社
地　　址：北京市东城区景山东街 20 号　邮政编码：100009
电　　话：010 － 64041652（发行，邮购）
传　　真：010 － 84045799（总编室）
网　　址：www.taimeng.org.cn/thcbs/default.htm
电子邮箱：thcbs@126.com

经　　销：全国各地新华书店
印　　刷：天津旭非印刷有限公司
本书如有破损、缺页、装订错误，请与本社联系调换

开　　本：880 毫米 ×1230 毫米　1/32
字　　数：160 千字　　印　　张：7
版　　次：2020 年 10 月第 1 版　　印　　次：2020 年 10 月第 1 次印刷
书　　号：ISBN 978-7-5168-2754-3

定　　价：59.80 元

序

在阅读此书前，我想跟大家谈一谈这本书是怎么形成的。我主要从两方面展开介绍：第一是此书的背景意义，第二是我的想法构思。

首先来说一下政治背景。2016 年 8 月 19 至 20 日，全国卫生与健康大会在京召开。习近平总书记出席会议，并发表重要讲话。会议强调要加大心理健康问题基础性研究，做好心理健康知识和心理疾病科普工作，规范发展心理治疗、心理咨询等心理健康服务。这对心理学行业的发展来说是一个重要时刻。会议把心理学提升到一个崭新的高度，心理学从面对少数问题人群开始转向整个社会，心理学工作者也要开始进行全方位的心理健康普及工作。

党的十八大提出，倡导富强、民主、文明、和谐，倡导自由、平等、公正、法治，倡导爱国、敬业、诚信、友善，积极培育和践行社会主义核心价值观。党的十八大以来，中央高度重视培育和践行社会主义核心价值观。党的十九大又重新论述这一思想，培育和践行社会主义核心价值观，把社会主义核心价值观融入社会发展的各方面，转化为人们的情感认同和行为习惯。十九大报告中也强调，加强社会心理服务体系建设，培育自尊自信、理性平和、积极向上的社会心态。

通过以上这些背景事件，我们可以看出，无论是心理学面向社会方面的调整，还是社会主义核心价值观的践行和培育，以及社会的积极心态的培育，都是相辅相成的。核心价值观的培育和践行需要积极的心态做后盾，转型后的心理学可以在社会心理服务体系建设上多做工作。

另外，基层党建存在着一些困境。目前全国推行扫黑除恶工作，尤其是基层打击村霸的工作，实际上这是探索新时代的基层治理。村霸虽小，反映出的却是国家治理体系与基层民主衔接失衡的大问题。而失衡的一个重要原因，就是基层党组织的涣散。

传统乡村结构的变迁是一个历史性的必然过程，在这个变迁过程中，一些基层党组织处于一种涣散的状态，没有能力来真正代替原有的传统组织的作用。如果我们去找一些上了年纪的村民了解情况，他们也会说，以前党员在村里发挥的作用相当大，但是自20世纪80年代以来，不少基层尤其是村级的党组织，逐渐失去了生命力。

在此背景下，基层党员的自我认同感开始弱化。相应地，群众对基层党员的信任也降低了。以前是有困难找党员，现在却变成不怎么相信党员了。这是在提醒基层党建的同志们，要反思基层党建的工作，把累积多年的党组织的优势在基层盘活起来。而如何发挥优势是比较关键的一个问题。我认为，加强基层党组织建设与心理学的应用是分不开的。我们需让每个党员自省，使他们的心理都能调整到一个比较积极向上的状态。

关于我对此书的想法构思，要从大众对社会主义核心价值观的认知开始谈起。现阶段很多民众对社会主义核心价值观是不了解的，他们认为社会主义核心价值观是党和政府的事，普通百姓发挥不了什么作用。

其实核心价值观与我们的生活、工作是息息相关的。小到对待亲人的态度，大到工作升迁，都和我们的心态与价值取向有关。怎样改变大众的这种认知，怎样把核心价值观与居民的日常生活连接起来，让价值观更接地气，这就是我们党和政府需要重点做的工作。

社会主义核心价值观与我们的集体心理资本是不可分割的。本书是立足集体心理资本，结合党中央提出的社会主义核心价值观，再根据基层党建工作，进行的思想大汇聚。书中对每一个核心价值观的解读，是落实到集体心理资本层面的。大家在阅读的过程中，也可以对照一下，自己是不是具备这方面的能力，如果没有的话，这就是大家在践行核心价值观中需努力的方向。

当然书中的解读是符合学术要求的，是以当下的党章宪法为依据，力求达到党员干部和普通百姓都能听懂。另外，书中对价值观的践行也会给出方向与方法，具体落实到每个人、每个党组织可以做些什么。希望大家在看过这本书后，能够对践行社会主义核心价值观有信心，可以用充满乐观、希望的心态来践行核心价值观。

目录

第七章　自由：成为更好的自己

第八章　爱国：本能的需求

第九章　公正：培养公正的心态

第十章　法治：自觉的能力

第一章
心理学的发展

心理学有着漫长的过去，但只有短暂的历史。纵观心理学的发展，可以概括为三个阶段：第一阶段是问题导向的心里咨询模式，第二阶段是积极导向的人本主义模式，第三阶段是社会心理服务导向的本土化发展模式。

心理学是一门科学，主要研究人的行为和心理活动。我们的一言一行都是由心理引发的。例如我从你身旁经过时，看了你一眼。这个看也分很多种，如抬着头看，勾着头看，斜着眼看，平视看。但不论我采用哪种方式，“看”这个行为都是由心理活动引发的，是由一定的动机驱使的。抬着头在某种程度上代表你很坦诚，勾着头看有点打趣的感觉，斜着眼在某些场合中代表着敌意。心理活动影响行为，行为反过来也会影响心理。比如你的情绪体验是开心还是不开心，是焦虑还是愤怒，都和行为有关系。

但心理学的发展，却是很短暂的。正如艾宾浩斯曾说“心理学有着漫长的过去，但只有短暂的历史”。这里“漫长的过去”指的是科学心理学诞生之前。心理学领域内普遍认为，现代心理学的开端是 1879 年冯特在莱比锡大学建立了第一个心理学实验室，而在此之前心理学由于缺乏严谨的实验论证过程而不被认为是一门严谨的科学。

不过这个章节并不是要阐述科学心理学的诞生，而是要围绕心理学的研究方向及研究重心的变化来进行探讨。纵观心理学的发展，可以概括为三个阶段：第一阶段是问题导向的心理咨询模式，第二阶段是积极导向的人本主义模式，第三阶段是社会心理服务导向的本土化发展模式。

一、心理学的最初阶段是以诊断与治疗为主

1. 起初：精神病人是妖魔附体

最开始的时候，人们缺乏对精神病的认识，不知道有些人为什么会疯，为什么会自残。那时候科学不发达，生物学、医学都还比较落后，于是人们就把那些精神病人当作是被灵魂附体，撞了邪了。为了驱赶妖魔，人们会专门请巫师作法，类似现在的“跳大神”。这是东方人的基本做法。

西方人的思想和东方人基本上没多大差别，他们主要受宗教的影响，认为精神病人是受到了上帝的诅咒或惩罚，又或是魔鬼撒旦的入侵。在教会看来，那些被诅咒或被附身的精神病人都是有罪的，只有驱除了他们的罪恶，才能使他们恢复正常。教会驱除罪恶的主要手段就是驱魔。驱魔仪式是非常隆重的，由专门的驱魔司铎主持，司铎会通过洒圣水、念祷文来驱赶病人体内的恶魔。如果病人在驱魔仪式后没有恢复正常，则被视为上帝的弃儿。

2. 发展：精神病人是生理出了问题

后来，随着生理学的进一步发展，人们明白那些精神病人不是

被鬼魂附体，而是生理上出现了疾病。古希腊人认为身体和精神均由冷、热、干、湿四元素构成，在人体内表现为血液、黏液、黄胆汁和黑胆汁的混合，血在四种体液中是占主导地位的，当四种体液平衡的时候，人健康且理性。古罗马时期的医生盖伦认为血是人体产生的，会经常“过剩”，由此产生了放血疗法。

随着 20 世纪医学的发展，人们逐渐认识到精神病的产生是由于患者大脑出了问题，当时的医生又开始对精神病患者的脑子“动手动脚”。引起最大轰动的就是“冰锥疗法”，这种疗法也叫“额叶切除手术”，发明这一手术的医生莫尼兹还因此获得了 1949 年的诺贝尔生理学医学奖。

同一时期，电击疗法也开始逐渐兴起。当时的精神科医生发现如果精神病人的癫痫发作，就会有助于病情的稳定和改善。于是就有了人工引起癫痫发作的电击疗法。在电击开始之前，患者会被捆绑在床上，带上牙套，防止他们因为太过痛苦而咬断舌头。在电击期间，精神病人会肌肉强直、抽搐，甚至昏厥，这种求生不得求死不能，被人残忍折磨的绝望是常人难以想象的。当然现在的电击疗法已经得到了改良，并不会对人的身体造成很大的痛苦。

3. 进步：精神病人是精神动力出了问题

精神病人在弗洛伊德时期得到了广泛关注。弗洛伊德曾经在恩斯特·布吕克的指导下接受生理学的训练，也曾在弗朗兹·布伦塔诺的指导下接受哲学训练。弗洛伊德发现，精神病人实际上是精神动力出了问题。

弗洛伊德认为，人的意识包含三个层次，分别是意识、潜意识和前意识。人的精神活动，包含欲望、冲动、思维、幻想、情感等，会在不同的意识层次中发生与进行。凡是能觉察到的心理活动是意识，属于人的心理结构表层，它感知着外在的现实环境。前意识又称下意识，调节意识与无意识，更多体现在阻止潜意识进入意识领域。潜意识包括人的原始冲动和各种本能欲望，它无时无刻不在暗中活动，要求直接或间接的满足，从最深层次支配着人的心理和行为。精神病人的产生就是源于潜意识的力量太强，冲破了前意识的监督与阻止，直接上升到了意识层面，所以精神病人的一些行为是混乱的，毫无理性的。

通过以上描述，我们可以看出，心理学最开始的任务是诊断人出了什么问题，是由于什么原因导致疾病发作的。

心理疾病诊断清楚之后就开始按症状进行分类，如抑郁症、焦虑症、强迫症、歇斯底里症、神经衰弱、恐怖症都属于精神疾病的范畴。分类后，后续的治疗也就慢慢开始完善了。如一个人得了抑郁症，想要自杀，咨询精神科医生后，医生给他开了一些药，来减弱他神经活动的兴奋，一定程度上就能减少其自杀倾向。

二、心理学的第二阶段是以教育为主

随着心理学相关研究的不断深入发展，心理学发展的方向发生了巨大的改变。这种改变的风潮起始于 20 世纪五六十年代，并且于七八十年代达到巅峰。在这个阶段，心理研究工作者的目光开始着眼于健康人群。与此同时心理学的第三势力也开始逐渐兴盛起来，这就是我们现在所说的“人本主义”。

20 世纪六七十年代，美国在两次世界大战中大发战争横财，成为世界上经济最发达的国家。但是在经济发达的背后，社会问题却日益严峻，人们的精神状态陷入了巨大的危机，此时急需运用心理学来改善这个危机。

这时传统的精神分析理论已不能解释现代人的心理疾病，人本主义就应运而生。人本心理学家认为，心理学应着重研究人的价值和人格发展，应该为全体人员服务。这里要强调一点，心理学刚开始主要服务于疾病人群，健康人群是不关注心理学的，心理学也不服务健康人群。而此时的美国人，并不是因为心理疾病而焦虑和痛苦，而是由于战争灾难，导致很多人认为生活没有意义而产生空虚、焦虑与烦恼。所以人本主义倡导自由意志与人的价值。

人本主义使心理学界看到了人的心理与人的本质的一致性，强调必须从人的本性出发研究人的心理。这种来自西方的人本主义观点和中国传统文化中的一些观点是一致的。早在 2000 多年前，孟子就提出了“人之初，性本善”的观点，而这种思想到了明代心学代表、思想家王守仁这里就更加的深入与深刻。

所以，无论是人本主义学者还是中国的古代思想家，都认为人本身是具有积极的内在力量的。正是由于这种转变，一些心理学者例如人本主义理论创始人罗杰斯，需求层次理论的提出者马斯洛都开始关注人性中的积极方面。马斯洛曾经说过：“对自我实现的渴望，即个人在潜在的事物中实现的倾向。这种倾向可能被表述为渴望变得越来越真实，成为一个人能够成为的一切。”

在此之后，美国的积极心理学开始出现在人们的视线中。自 1997 年美国心理学家塞利格曼提出积极心理学理论以来，许多学者对幸福、积极情感等概念进行了研究。积极心理学的目标是使正常人在某些良性条件下更加健康地发展，且认为心理学有三大使命：治疗心理疾病、提高生活质量和开发潜在人才。积极心理学的兴盛标志着心理学者对人性光辉面、积极面的推动达到了一个新的阶段。

从人本主义开始，心理学开始服务更多的人。即便是现在，我们也是用人本主义的方法，对教育对象施加积极的影响，以促进其心理适应与发展。例如在学校开展青少年心理教育，在部队开展军人心理教育，甚至在监狱、戒毒所也开始逐步实行心理教育。要知道过去监狱和戒毒所主要是以惩罚为主，现在转化为教育，这是我们人类的进步。

三、心理学的第三阶段是以服务为主

现阶段，心理学的发展方向不只是教育，也开始转向了服务，开始为大众的幸福生活保驾护航。但是有很多人对心理学的认识没有跟上时代，还停留在治疗疾病的阶段，一说起心理学，就是有问题的人才去学习，自己身心健康，不需要学习心理学。他们并没有意识到心理学是可以帮助、服务他们的。

现在各地政法委等相关部门都接到了建设社会心理服务体系的任务。为了建设更好的心理服务体系，相关部门需要在市区、镇街，尤其是基层社区建立心理咨询中心，也要聘请心理咨询师来完善社会心理服务体系的构建。然而常规的心理咨询师所学的大多为心理咨询和心理治疗的相关技术手法，这并不能完全满足当前社会由心理问题引发的矛盾纠纷和健康人群期盼过得更好的精神需求。为了解决当下中国社会心理问题，提供大众更优质有效的心理服务，我们要清楚意识到心理学本土化的重要性和必要性。

社区的心理咨询室有一个事例，一位子女长居国外的高龄老人，由于长期与子女分离而苦恼，这位老人既思念自己的子女，又怕联系子女会影响他们的日常工作生活。最终老人选择寻求社区心理咨询师的帮助与交谈，从而缓解思念之苦。面对这样的咨询对象，我们就不能采取常规的、传统的心理治疗方法，而要将心理咨询从治疗转化为社会服务。

在中国特色社会主义道路下，我们需要的是符合中国国情的心理学。在此之前的心理学发展的过程中，我们全盘舶来了西方的心理学知识，然而到了现在这个阶段，心理学的发展与应用就需要进行一些改变了，需要加入中国本土文化的心理学和哲学思想，从而达到帮助当代中国社会大众的目的。

自20世纪90年代以来，社会心理学研究中出现了一些关于社区心理的相关研究。根据研究对象可分为对社区青少年的研究、对社区老年人的研究、对社区其他人群的研究。由于我国的相关研究发展起步较晚，所以现在还处于摸索阶段。但是以“德”治国是我国加强精神文明，构建和谐社会的重要政策。党的十九大报告提出加强社会心理服务体系建设、培育自尊自信、理性平和、积极向上的社会心态。也就是说，我们的目标已经转向了社会治理的层面，转向了社会服务的层面。服务的目标变了，服务的过程就要进行转变，服务的形式也要跟着改变。

早在2012年，我们就提出了254社区心理服务模式，预计到了心理学就是要扎根社区，从而发展出支持性的陪伴服务。它既不是治疗也不是干预，既不是教育也不是预防，而是为社区居民幸福提供支持性、陪伴性的心理学服务。在以上理论体系的基础上，我们出版了《社区心理学：254模式理论与实践》一书。

“254”模式中的“2”代表着“自我”和“重要他人”，主要侧重于呈现个体当下状态及其和他人的关系。“5”则代表的是“五伦关系”，侧重于个体在成长过程中和双亲、夫妻、同事、朋友、兄弟姐妹之间的关系及对其产生的影响。最后的“4”则是代表“指向未来的心理资本”。拥有强大的心理资本是走向未来幸福生活的精神基础。254 三个部分的结合即是代表个体过去、现在、未来的立体呈现和整合统一。

2017 年，我们在“254”模式的基础上创设了心理茶馆，目前该服务项目已经在东莞南城雅园社区开办并被惠州等多个地方的地方政府所购买，已开始为社区进行服务。在进行心理茶馆培训班的过程中，我们表明心理学工作者开设心理茶馆的目的就是立足于社会服务，解决大众的心理困惑。

现阶段的心理学，主要是服务与被服务的关系。服务代表着尊重，代表着平等，代表着合理以及建设性地解决问题。我著本书的目的，就是想让大家意识到我们与心理学的关系已经发生了改变，我们要运用心理学服务我们的生活与工作。

我讲心理学并不是为了改造大家，也不是为了给大家做思想动员，而是想让大家真真切切地意识到，心理学是能够为我们的生活与工作服务的。如果我们一直对心理学抱有偏见，那我们的生活就会少了很多色彩。作为一名心理学者，我希望运用我的学问，运用心理学来让更多的人受益。

参考文献

[1] 韦志中，漆德安，林平光 . 社会心理服务的机遇与挑战 [M]. 北京：台海出版社，2019.2-8.

[2] 许波 . 西方心理学史 [M]. 郑州：河南大学出版社，2009.

[3] 沈德灿 . 精神分析心理学 [M]. 杭州：浙江教育出版社，2005.

第二章
浅谈心理学与幸福

由于竞争压力过大，人与人之间的信任危机加剧，现阶段心理问题人群增多。积极心理学家发现积极的环境中，人更容易形成积极情绪。积极心理学主张人们以积极的心态，适应社会与环境。积极情绪、积极人格与积极环境是积极心理学研究的三大方向。

一、国家发展的三颗心

现在国与国之间的竞争主要是科技竞争。我们与美国在经济竞争的背后，美国要遏制的是我们的科技发展。而 CPU 就是“科技之心”，强国是需要具备强大的科学技术支撑的。公司要强大，必须加强科技发展；国家要富强，也要在科技发展上占取主动权。随着互联网时代的到来，国家对计算机技术的要求也越来越高。党的十九大也明确提出要建设网络强国。中华民族的伟大复兴需要 CPU。

另外，国家的工业发展需要发动机芯。发动机芯是工业的“心”，即所谓的工业技术的发展。飞机、轮船这些大型配置都要依靠重工业，而是否拥有自主研发的大飞机则是检验一个国家工业水平的标志。自 20 世纪 80 年代，我国开始自主研发大飞机。然而由于诸多因素的限制，大飞机的发展之路异常曲折，其中一点就是因为我们在发动机制造上的实力不足。所以中华民族的伟大复兴，也需要发动机芯。

发动机芯是工业的“心”，CPU 是计算机的“心”。国家的富强要靠这两颗心。但是除了 CPU 和发动机芯，还有一颗更重要的心——我的中国心。现阶段为什么要培育和践行社会主义核心价值观，就是要塑造我们的中国心。我们是否自信、是否勇敢、是否有创新精神、是否友善、面对问题时是否足够坚韧，都是中国心的一部分。

为了提高“我的中国心”，孙中山先生曾在《建国方略》中强调心理建设。心理建设主要论述如何让四万万中国人自信起来。他认为“国家政治者，一人群心理之现象也。是以建国之基，当发端于心理”。国家是由民心集合起来的，人心的力量有多大，国家就有多强盛。中国人一百多年来，从鸦片战争到现在，其实很多革命与改革都围绕着怎样让我们自信，怎样让我们内心强大来进行的。

那时，西方列强侵略中华民族，并称我们的民族是“东亚病夫”。当时政府派人去学习西方思想，引进外国科技，进行文化运动，其实已经是对传统文化产生了怀疑。孙中山当时已经看到了，要使中华民族真正强盛起来，不被外国欺负，就要把民众的中国心给建立起来，民心是一个国家建设的根基。

毛泽东在 24 岁时也写下一篇文章，名为《心之力》。在文章中，毛主席提到：“若欲救民治国，虽百废待兴，惟有自强国民心力之道乃首要谋划，然民众思维心力变新、强健者是为首要之捷径！”只有汇集民心才能救国，只有变革思想才能救国，这是国家强盛的首要途径。

孙中山强调的心理建设，毛泽东的《心之力》，与现在弘扬优秀传统文化，建立文化自信，践行社会主义核心价值观是不谋而和的。我们要实现中国梦，从心理学上来讲，就是对未来有希望，其实就是要培养我们对自己未来的自信心。这也是在围绕着“我的中国心”在做工作。

二、现阶段心理问题人群多

有关数据显示，自杀已成为二十大死因之一。全球每年大约有80万人死于自杀，平均每40秒就有一人自杀。而每一例自杀大约会给135人带来沉重的哀痛或者其他影响。这样换算下来，每年的自杀行为大概会波及1.08亿人。

在自杀人群中，中国青少年的自杀率世界第一。据统计，每年约有10万青少年死于自杀，究其原因，首要因素就是学生的学习压力过重，家长与老师对孩子的成绩过度关注；第二就是家庭冲突，不良的亲子关系也有可能击垮孩子。

另外，患有抑郁症的人，也迫切需要心理治疗与关怀。北京心理危机研究与干预中心的调查报告显示，1990年，中国约有2560万抑郁症患者，仅有5%得到治疗，而据有关专家统计，目前我国抑郁症患者已占总人口的4%~8%，约5500万人。

改革开放40多年，我们的物质资本已经到了一定的阶段，但我们的心理状态却还处于自卑、不安全、防御性很强的水平。国际心理治疗大会保守估计，中国大概有1.9亿人需要接受专业的心理咨询或心理治疗。心理问题人群的增多，竞争压力的加大，都是人们感觉不幸福的原因所在。

三、人们普遍缺乏安全感

根据马洛斯的需求层次理论，当我们的生理需求得到一定的满足之后，就会渴望安全需求的满足。现阶段，竞争压力过大，人与人之间的信任危机加剧，安全感的缺乏已演变为一个社会常态。

越是心理不安全的人，越容易进行心理防御。这个很好理解，例如我害怕别人欺负我，哄骗我，我就把自己隔离起来，不与别人交流，表现出很冷漠的样子；或者即使与他们交流，也不和他们说真心话，在外面穿一层“马甲”，不让他们知道我心里到底在想什么。

当然那些看起来不好惹的人，其实也是一种自我保护，因为最好的防守是进攻，我表现出不好欺负的样子，自然就没有人敢惹我了。例如有的人油盐不进，谁劝他，他都听不进去，这种人就是拿着盾牌的人。他不允许外部的声音进来，以防这些声音侵占自己的精神领地，类似于我的地盘我做主，我的思想我来守护。即使你并没有做危害他的动作，但是他觉得你来势汹汹，他就会先拿“红缨枪”戳你一下，让你知道厉害。

但是总防备着别人，也会伤了自己。如我们的神经、肌肉就会总处于紧张的状态，进而会导致脑疲劳、记忆力下降，引起植物神经功能紊乱、神经衰弱等。钟南山院士曾言，身体疾病的一半是心理疾病，健康的一半是心理健康。身体的疾病是怎么来的？其实和我们的心理状态有很大关系。偏头痛、急性胃炎、高血压等，全都是身心疾病，都是和心情郁闷、焦虑有关的。从这方面来说，提升民众的积极心态、积极品质、积极情绪，也是为民众的身体健康考虑。

什么是健康，多数人会觉得健康是吃健康食品、多进行体育锻炼就可以的，其实这里忽视了一个重要的因素，那就是心态。例如同去虎门炮台参观，我看到的是关天培抗击英寇、浴血奋战的爱国情，感受到的是满满的自豪感；而你感受到的却是清政府落后被侵略的羞耻感，觉得郁闷、糟糕。为何两者会有这么大的不同？就是由心态造成的。

有人可以负重 80 斤，有人只能负重 60 斤，这是由力气决定的；同在一家公司打工，有人每月可以拿到上万元，有人却只有几千元，这是由能力决定的；同样是欠钱，有人欠了一万元，心里没有压力，有人欠了五千元，就惶惶不可终日，这是由一个人的抗压能力决定的；同样遇到被人骂，有人心里会不安，晚上睡不着觉，而有的人当时不舒服，过后就像没事人一样，这是由一个人的心态决定的。

当然，内心不安全的人，多多少少是有些自卑的。可怜之人必有可恨之处，可恨之人也必有可怜之处。大家看中央电视台的法制频道，所有的犯罪分子都是可恨的，但他们同时也都很可怜，因为他们中大多数都在原生家庭的教育中，在成长历程中经历过一些不好的事情，受到了很大的伤害，才导致他们犯下大错。

四、研究幸福的学科——积极心理学

积极心理学是 20 世纪 90 年代末起源于美国的一个心理学研究领域，被誉为是心理学领域的一场革命，人类社会发展史中的里程碑。积极心理学倡导心理学的积极取向，主张用科学的原则和方法来研究幸福。简单来说，积极心理学是一门研究幸福的科学。

积极心理学将“以人为本”的思想放在核心地位，关注人的价值，注重提升人的积极性，发展人的潜能，主张人们以积极的心态，适应社会与环境。积极情绪、积极人格与积极环境是积极心理学研究的三大方向。

1. 积极情绪

积极情绪体验属于人主观的一种体验，此种体验能够让人更加深刻地感受某种行为，从而在认知等方面获得更多积极的效用。积极情绪体验主要集中在主观幸福感、快乐等内容。

主观幸福感指个体主观上对自己拥有的生活状态的肯定态度。主观幸福感高的人对自己的生活比较满意，会幸福地感受过去，客观地对待未来。同样，很多人也对快乐进行研究，比较快乐与不快乐的人在信息加工上的不同。还有学者研究快乐与收入水平、亲密的人际关系等方面的联系。

2. 积极人格特质

积极心理学相信每一个人的内心深处都有两股力量在斗争，一股是积极的力量，如善良、宽容、感恩等，一股是消极的力量，如贪婪、自私、虚伪等。这两股力量没有强弱之分，都可能战胜对方，关键要看个体在往哪股力量上注入新的力量，在给哪股力量创造适宜的生存环境。

研究发现，积极的人格特质可以强化和激发个体已有的能力和潜在的能力，对个体的成长发展具有非常重要的作用。积极心理学家为此总结出了 24 种人格特质，包括乐观、爱、感恩等，培养这些积极特质的最佳方法是增强个体的积极情绪体验。

3. 积极社会环境

积极环境的研究是建立在群体的基础上开展的，积极心理学将积极的环境系统分为积极的社会大系统，如建立国家法律法规，还有积极的小系统包括健康的家庭，关系良好的社区、有社会责任感的媒体、有效能的学校等。

积极心理学家发现在积极的环境中，人更容易形成积极情绪以及积极人格品质，所以建立一个积极良好的环境是十分必要的。

积极心理学之父塞利格曼认为，心理学最大的使命是让人类生活得更加幸福，更有意义。不仅仅是治疗病人，关注那些问题人群。积极心理学的宗旨就是帮人们追求幸福人生。

我们这本书是《用心理学践行社会主义核心价值观》，这里的“心理学”主要是指积极心理学的思想。积极心理学也一直是我喜欢且推崇的方向。我希望运用积极心理学中的一些思想来引导大众更好地发挥自己的优势，以积极的心态来适应人际和社会，进而追求更健康、和谐、幸福的人生。

第三章
社会主义核心价值观

社会主义核心价值观是社会主义核心价值体系的内核，体现社会主义核心价值体系的根本性质和基本特征，党的十八大以来，中央高度重视培育和践行社会主义核心价值观。社会主义核心价值观包括三个层面的内容，国家层面、社会层面和个人层面。

一、价值与价值观

“价值”的本意是“可宝贵、可珍贵、令人喜爱、值得重视”。马克思主义认为，价值本质上是事物与客体的性质、属性对人的需要的满足关系。简而言之，价值产生于人与外物的关系。它不仅依赖主体和客体，而且还受制于主体改造客体的历史性和社会实践活动。

一个物件，有人看到会很喜欢，而有人看到却很厌恶。因此对于喜欢的人来说，这个物件就是有价值的，而对于不喜欢的人来说，这物件就没有价值，这是价值观在起作用。

价值观是人们对有关对象所含价值的基本看法。你觉得一个物件是否有价值，就是由价值观决定的。我们现在判断是非，做出抉择与取舍，也是由价值观决定的。

二、社会主义核心价值观

每个人会有很多种价值观，比如自己与他人的关系、个人与企业的关系，个人对金钱、荣誉的态度等。不同的人也会有不同的价值观，比如有的人喜欢自由，有的人喜欢稳定等。在诸多价值观中，处于核心地位的价值观就是核心价值观。核心价值观能够体现社会成员的根本利益，反映社会成员的价值诉求，对社会变革与进步起着推动的作用。

社会主义核心价值观是社会主义核心价值体系的内核，体现社会主义核心价值体系的根本性质和基本特征。党的十八大报告明确指出："倡导富强、民主、文明、和谐，倡导自由、平等、公正、法治，倡导爱国、敬业、诚信、友善，积极培育和践行社会主义核心价值观。"

社会主义核心价值观包括三个层面的内容，国家层面、社会层面和个人层面。其中富强、民主、文明、和谐是国家层面的价值目标，自由、平等、公正、法治是社会层面的价值取向，爱国、敬业、诚信、友善是公民个人层面的价值准则。这三个层面并不是独立存在的，而是相互影响的统一体。

"富强、民主、文明、和谐"是中国特色社会主义的基本价值追求，它体现了我国经济建设、政治建设、文化建设、社会建设和生态建设的内在发展要求；"自由、平等、公平、法治"是中国特色社会主义的基本社会属性，它体现了我国作为中国特色社会主义社会的总体价值目标；"爱国、敬业、诚信、友善"体现的是全体公民的基本价值追求和道德准则。

这三个层面的核心价值观相互联系、相互贯通，体现了国家、集体和个人在价值目标上的统一，体现了国家目标、社会导向和个人行为准则的统一。

在十九大报告中，习近平总书记指出要发挥社会主义核心价值观对国民教育、精神文明创建、精神文化产品创作生产传播的引领作用，把社会主义核心价值观融入贯穿于社会发展的方方面面，转化为人们的情感认同和行为习惯。因此，如何使社会主义核心价值观落地生根，成为每个中国人的价值追求和生存方式，对于国家、民族和个人来讲，都是一个十分重要的现实课题。

三、基层干部践行社会主义核心价值观面临的问题

基层干部作为最接近人民群众的一个群体，其所作所为都直接关系着群众的切身利益，其一言一行都代表着党和国家的形象。基层干部在践行社会主义核心价值观时，也会遇到一些问题：

1. 对社会主义核心价值观的内容认识不清

社会主义核心价值观的 12 个词、24 个字的含义目前很大程度上只停留在墙面的宣传标识，停留在会议，离人们真正认识到位还

有很大的差距。基层干部可能并不清楚除了完成上级的要求外，社会主义核心价值观的“价值”到底在哪里。

新疆大学的赵亚峰曾对甘肃省静宁县的基层干部展开调查，发现问到“社会主义核心价值观是党在什么时候首次明确提出来”时，知道的人非常少；在参与调查的481名基层党员干部中有35.97%的人选择了“十七届六中全会”；17.46%的人选择“十五届六中全会”，18.09%的人选择了“十八届六中全会”，只有28.48%的人选择了正确答案“十六届六中全会”。另外，针对社会主义核心价值观三个层面的内容，在“最认同哪些层面的内容”这一问题上，只有36.8%的基层党员干部选择了“都赞同”，有20.79%的人选择“国家层面”，有30.35%的人选择“社会层面”，有12.06%的人选择“个人层面”。

由此可以看出，基层党员干部对社会主义核心价值观三个层面的基本理论内容认识不到位，或者说只停留在表面的一些认知上，没有真正理解社会主义核心价值观三个层面之间是缺一不可的统一关系，从而导致了对社会主义核心价值观三个层面的价值要求缺乏认同。

2. 对社会主义核心价值观与自身的关系理解不到位

部分基层党员干部没能清晰领悟践行社会主义核心价值观对提高自身素养及加强基层工作的重要性。简单而言是没有理清自身与践行社会主义核心价值观之间的关系的重要性，也没有深刻思考自身需要做什么工作。

在赵亚峰的调查中，虽然有 86.49% 的基层党员干部认为，自己毋庸置疑应该成为建设社会主义富强中国的一员，但也有 10.6% 的基层党员干部觉得富强的关键是看自己是否幸福，还有 2.91% 的基层党员干部认为国家富强是大人物的事，与他们没有关系。

与西方发达资本主义国家相比，一些基层党员干部甚至觉得社会主义并不比资本主义好，在他们眼里资本主义的某些方面是较为优秀的。可见一些基层党员干部对国家富强、和谐与自身的关系产生了怀疑，主要是因为他们对国家的国情理解不到位，导致对国家富强、和谐与自身的关系认识不清。

3. 对践行社会主义核心价值观信心不足

我国长期处于社会主义初级阶段，各种社会矛盾凸显，基层干部疲于奔命应付各类突发应急事件，便产生一种“无事就是本事，摆平就是水平”的思维。于是一些基层干部看不到践行社会主义核心价值观对于解决实际问题的希望，甚至产生怀疑。缺少对体系的信心不利于提高人们践行的积极性。

在赵亚峰的调查中，提到“建设公正、法治社会主义社会是否充满信心”这一问题时：只有 29.73% 的基层党员干部选择“非常有信心”，54.05% 的基层党员干部选择“比较有信心”，还有

12.68% 的基层党员干部表示“信心不足”。因此可以看出有些基层党员干部对社会主义核心价值观的建设并没有坚定信念。

“公正”作为一直以来的社会关注点，基层党员干部们也纷纷表达了自己对公正问题的看法。有 9.15% 的基层党员干部表示“从来没有遇到过不公正的待遇”。71.52% 基层党员干部认为自己“在工作过程当中遇到过不公正的待遇”。甚至有 17.05% 基层党员干部觉得自己“一直都受到不公正的待遇”。可见占很大比例的基层党员干部对建设公正的社会主义社会产生怀疑，导致信心不足。

作为在意识形态领域内维护核心价值观的特殊存在，某些基层党员干部却没能将我国的国情了解深切。没有认识到我国现阶段还处于社会主义初级阶段，国家制度还未得到健全，各种社会矛盾也还有很多，如还存在贫富差距逐渐扩大、社会保障水平还未成熟、资源分配尚不合理等现象，这些使得基层党员干部对国家富强、和谐与自身关系产生了怀疑。

在人们内心深处一直向往着自由、民主、法治的社会，我们现在构建中国梦，就是要通过广大人民的长期不断努力奋斗走向自由平等、公正法治的良好社会局面。但正是这种长期性使得有些人看不到希望，从而对实现这一目标产生怀疑。

四、大学生对社会主义核心价值观的认识

青年一代有理想、有担当，国家就有前途，民族就有希望。作为青年中最有创造精神和超越意识的大学生群体，他们对社会主义核心价值观的认识与践行，关系到中华民族的伟大复兴。如果要深入践行社会主义核心价值观，就要先从社会的新鲜力量大学生的教育开始。

有研究者针对大学生了解社会主义核心价值体系的程度进行调查，发现了解核心价值体系者占 20%，不是很了解者占 39%，甚至有 15% 的大学生表示自己不知道社会主义核心价值体系。对中国发展前景的看法，55% 的大学生选择了中国崛起论，33% 的大学生选择了中国崩溃论，11% 的大学生则认为与自己无关。

部分大学生对社会主义核心价值观理性认知不足。据有关调查显示，当问到“你对社会主义核心价值观的了解程度”这个问题时，仅有 12.8% 的大学生回答“十分了解”，42.9% 的大学生回答“比较清楚”，37.2% 的大学生只是“知道一点点”，7.1% 的大学生则“完全不了解”。

部分大学生对核心价值观的情感认同不高，仅有 31.4% 的大学生“完全赞同”把社会主义核心价值观作为我国的主流价值观，35.7% 的学生回答“部分赞成”，23.8% 的学生认为核心价值观不能代表所有人的价值追求。

另外，大学生对社会主义核心价值观的培育参与度不高，调查显示，仅有 30% 左右的大学生会积极参与到价值观培育的相关课程和实践中去，62% 的学生只是为了应付考试被动参与相关活动，甚至还有学生从未参与过类似的活动。

五、核心价值观的践行需要调动个体的积极性

不管是对基层干部的调查，还是对大学生的调查，结果都表明人们对社会主义核心价值观的认知、培育和践行工作还没有做到位。部分人甚至对核心价值观还存在认知偏见和漠视心理。而如何使社会主义核心价值观深入人心，落实在人们的行为中，目前还在探索中。

社会发展的历史证明：当社会处于稳定发展时期时，会特别关注个人和集体的积极品质，也开始注重提高个人和集体的生活品质；这些关注将进一步促进社会的繁荣与富强，两者之间互为因果，互相促进。

积极心理学是 20 世纪末最早在西方兴起的一股心理学力量，其创始人是美国当代著名心理学家塞利格曼。它采用科学的原则和方法来研究幸福，倡导心理学的积极取向，以研究人类的积极心理品质、关注人类的健康幸福与和谐发展。积极心理学的内容

和理念，与培育和践行社会主义核心价值观教育方面的需求不谋而合。

无论是价值观还是社会心态都属于人们的心理内容之一，一个是观念，一个是态度。如何让人们的个体观念和态度提升到社会主义核心价值观的高度并培育理性平和的社会心态，虽可以从社会意识形态的角度去做工作，但更适合从个体心理发展规律的角度去做工作。

如果说从社会意识形态的角度去做工作是从个体的外部环境影响个体心理，那么，从个体心理成长发展的角度去做工作就是从个体心理内部矫正并提升。后者更深入更易为人们所接受。

积极心理学的研究发现每个人都存在追求善良，追求公平，追求美好幸福的内心需求，践行社会主义核心价值观就能满足人们内心的这些需求。因此，让积极心理的开拓与核心价值观教育相结合，研究开展包含社会主义核心价值观的积极心理品质教育和服务，就能使社会主义核心价值观落地生根，深入人心。

如何充分发挥心理学对人们心理成长的作用，如何从人们内心成长需要的角度将社会主义核心价值观深深植入人们内心中，并成为每个人自我心理发展的一部分，从而自觉践行社会主义核心价值观。这就是本书研究的重点。当人们的内心体验与观念认识相结合，就会自觉地践行社会主义核心价值观，自觉地用社会主义核心价值观指导自己的社会实践。

参考文献

[1] 肖文桂．以社会主义核心价值观引领精神文明建设[J]. 福州党校学报，2015(01):45-48.

[2] 于建玮，赵丽丽．社会主义核心价值观的和谐美思想[J]. 中共珠海市委党校珠海市行政学院学报，2015(03):43-46.

[3] 邱国勇．社会主义核心价值观教育研究[D]. 武汉：武汉大学，2013.

[4] 赵亚锋．基层党员干部社会主义核心价值观认同研究[D]. 乌鲁木齐：新疆大学，2016.

[5] 冯玉峰．社会主义核心价值观融入基层党建工作存在的问题及对策[D]. 湘潭：湘潭大学，2016.

[6] 韦志中，漆德安，林平光．社会心理服务的机遇与挑战[M]. 北京：台海出版社，2019.122-131.

[7] 崔美玉．大学生社会主义核心价值观现状调查[J]. 中国健康心理学杂志，2013,21(12):1854-1857.

[8] 刘艳琴．大学生社会主义核心价值观培育和践行的心理学研究[J]. 当代教育实践与教学研究，2016(12):40+42-43.

[9] 高金霞．当代大学生社会主义核心价值观培育的问题与对策研究[D]. 锦州：渤海大学，2016.

第四章
心理资本与核心价值观

社会主义核心价值观中的内容，如果站在心理学的角度去解读，那么每个价值观就属于心理资本的范畴。一个人的价值观受到其自身心理资本水平的影响，一个群体的心理资本水平也影响着这个群体的价值观。

一、心理资本

说起资本，可能大家脑海中想得最多的是物质资本、技术资本、知识资本。不过社会是人组成的，人的行为又是由心理引发的。心理资本也是我们不容忽视的一个内容。

心理资本是借用商业名词“资本”来谈人的心理状况。如同物质资本存在盈亏一样，人的心理资本也同样存在这种情况，即正性情绪是收入，负性情绪是支出。如果正性情绪多于负性情绪，你的心理就处于盈利状态；如果负性情绪多于正性情绪，就处于亏损状态。心理资本最终的盈亏情况，则是两种情绪较量的结果。

积极心理学是研究人的积极面，积极的心理资本也是其关注对象之一。积极的心理资本是个体在成长和发展过程中表现出来的一种积极心理状态，是自我效能感、希望、乐观和韧性构成的心理能力。

自我效能感就是指个体对自己是否有能力来完成挑战性的工作的判断。著名的心理学家阿尔伯特·班杜拉通过大量的理论和研究证明，自我效能感作为一种积极的心理资本能力，与工作绩效有着密切的关系。

希望就是坚持目标，为了取得成功，坚韧不拔地前进。现实生活中我们会发现有很多人对生活很失望，他们看不到美好的东西，甚至选择用自杀来结束生命。但是心中有希望的人，他们即使处于困境，也会相信美好的未来就在不远处，毕竟冬天来了，春天还会远吗？

乐观就是对当前和将来的成功做积极归因。例如成功，这是有很多因素促成的结果，如个人努力、运气、他人的帮助等。如果我把成功归因于我的努力，我以后还是会继续成功的，那这就是积极的归因；如果我把成功归因于运气或他人的帮忙，认为自己的能力并没有那么好，那么下次能否成功就不可知了，那这就是消极的归因。

韧性就是当遇到问题和困境时，能够坚持并很快恢复和采取迂回途径来取得成功。有的人遇到挫折就会一蹶不振，而有的人却会迎难而上，勇往直前。这两者的差异就是源于韧性这个心理能力。现在的人在生活和社会中面对着越来越多的压力，如何对待压力，怎么快速从压力中恢复过来，是很多人关注的内容，这也是所属韧性能力。

我们通过外显行为的观察，可以了解到某些人的心理资本水平。心理资本水平高的人，走路是昂首挺胸的，心理资本水平低的人，走路是驼背低头的……，一个人是否幸福与心理资本水平有很大关系。

二、核心价值观与心理资本的关系

心理资本是个体重要的积极心理能量，是促进个人成长和绩效提高的动力源泉。社会主义核心价值观是富有时代特征的社会心理资源，在价值信念引导、认知改变、情绪管理、优化人格系统方面具有正能量作用。心理资本的建设也是践行社会主义核心价值观的重要体现，是构建和谐社会及实现“中国梦”的必然要求。

有研究表明，青少年对社会主义核心价值观的接受程度与积极心理资本水平有紧密关系，不管是国家层面的价值观认同，还是社会层面的价值观认同，都与个体的自我效能感、希望、乐观和韧性存在明显的联系。青少年对核心价值观的接受程度还能正向预测其积极心理资本水平，如核心价值观接受程度越高，积极心理资本也相应越高；反之，核心价值观接受程度越低，积极心理资本水平也越低。

提升个体的积极心理资本水平，可以促进其身心和谐，缓解不良情绪。在组织层面，也可以提升组织的竞争优势，在社会层面，更是国民幸福指数提升的基础和源泉。社会学习理论认为，在与环境的交互作用中，群体易形成共性的心理特征，这个共性的心理特征其实就是共性的心理状态，就是集体心理资本。

社会主义核心价值观是对个体心理资本和集体心理资本的有效引领。国家和社会的发展，都需要核心价值观的引领，个体的发展也是如此。社会主义核心价值观既体现了中国特色社会主义社会的总体价值目标，也明确了全体公民的基本价值追求。

所以，集体心理资本需要核心价值观作为标尺来衡量，个体心理资本也需要核心价值观来引导。社会主义核心价值观的践行对积极心理资本水平的提升有重要影响，而积极心理资本的建设也是从个体层面践行社会主义核心价值观。

三、用心理资本来践行社会主义核心价值观

我们可以从提升积极心理资本的水平来开始践行社会主义核心价值观。当我们都具备了核心价值观中十二个词所要求的心理能力，我们也就培育和践行了社会主义核心价值观。

拿“富强”这个词来说，在我看来需要有自信。当我们每个人都自信起来，能够为自己的行为负责，能够坚信自己的选择，内心变得很强大，就能够实现“民强”，“民强”之后就离“国富”不远了。大家设想一下，如果100人当中，有90人比较自信和乐观，遇到事情能够积极地去处理，即便失败了，也能够很快站起来重新战斗，这样的团队怎么可能不成功？同理，如果一个县、一个市乃至一个省的集体心理资本水平很高，大家都积极向上，自尊自信，那这样的国家怎么可能不富强？

社会主义核心价值观的培育和践行，离不开心理资本的提升。我们从心理学的角度解读核心价值观，这是一个思想的产生。但是怎么用这个思想来指导民众的日常生活和工作，则还需要一定的技术和方法。很多人虽然学习核心价值观，但理念并没有吃透，不了解为什么要民主富强，为什么要爱国敬业。在没有全面理解的情况下就容易对价值观产生误解，容易从政治、道德的角度来衡量价值观。

现阶段要纠正普通大众对社会主义核心价值观的认知偏差。核心价值观并不是高高在上的存在，它对人的思想的引领，对人的心理的塑造，对全社会前进的良性推动，对民众的幸福生活追求都有很大的促进作用。

如果我们把政府当成是一个团体，所有的工作人员与党员干部都是团体动力的维护者和推动者，而核心价值观就是动力维护的主要理念之一。基层干部作为扎根在一线的党和政府的代言人，是最了解民情的，民众对什么不满，民众有什么心理，他们也是最清楚的。如何改善民众的不良心态，提升民众的积极品质，更好地把核心价值观践行下去，也是基层干部需重点考虑与行动的。

当然只有把核心价值观和居民的生活结合起来，让居民与价值观的关系更紧密，不再觉得价值观和自己没有什么关系，不再感觉自己无论多么努力也达不到要求的水平。那么践行核心价值观就容易多了，一旦居民认识到践行核心价值观可以改善自己的生活和工作，他们就会主动调整自己的思想，改善自己的言行。

四、社区服务工作需要提升居民的心理资本水平

社会心理服务体系建设是推进新时代社会治理创新的重要一环。党的十九大报告指出："加强社会心理服务体系建设，培育自尊自信、理性平和、积极向上的社会心态。加强社区治理体系建设，推动社会治理重心向基层下移，发挥社会组织作用，实现政府治理和社会调节、居民自治良性互动。"

习近平总书记强调，加强和创新社会治理，关键在体制创新，核心是人，只有人与人和谐相处，社会才会安定有序。作为一个社会心理学工作者，我们所做的社会服务工作，主要是人心的工作。社会心理服务工作主要是把社会居民的心汇集在一起，然后朝幸福的道路前进。

生活中的各种冲突和焦虑很容易让一个人倒下。社区心理服务工作就是要提升居民的积极心态，让居民的积极情绪多一些，消极情绪少一些。现在的服务已不再只是带领民众发家致富，进行经济建设，还是为了民众的幸福安康考虑。

我们为什么在农村进行婚姻家庭讲座，为什么要在农村讲亲子教育，其实就是想让农村的家庭和个人对自己生活中的难题有办

法，提升其心理资本水平，解决生活中遇到的难题，小孩由不听话变得慢慢听话了，夫妻关系得到了改善，个人的心理紧张感也得到了缓和。这都会提升大家的心理幸福感。

这也是邓伟平书记学习心理学的原因。邓伟平书记发现，在基层践行社会主义核心价值观，用常规和原有的方法都不能取得显著成效，必须另辟蹊径，注入心理学的方法来进行社区治理。

在追求中华民族伟大复兴的新时代道路上，构建“我的中国心”这一阵地可能会很难。因为无论多么好的一个人，如果总和一个心理不健康的人谈话，最后或多或少都会受到影响。我做心理咨询多年，有时会长期跟进一些有心理问题的来访者，发现他们并没有太大的改观，所以人心的工作是不容易做好的，我们的党员和基层的工作者是比较难的。

参考文献

[1] 王雁飞，朱瑜．心理资本理论与相关研究进展 [J]. 外国经济与管理，2007(05):32-39.

[2] 张阔，张赛，董颖红．积极心理资本：测量及其与心理健康的关系 [J]. 心理与行为研究，2010(01):58-64.

[3] 赵娟，朱祖德．基于社会主义核心价值观的高校贫困生心理资本培育 [J]. 内蒙古师范大学学报（教育科学版），2016(03):66-68.

[4] 张凡迪．青少年社会主义核心价值观接受程度及其对积极心理资本的影响 [J]. 沈阳大学学报：社会科学版，2015(04)：547-551.

第五章
富强：幸福的能力

社会主义核心价值观中的“富强”，是在国家层面上的第一个价值目标。“富强”是中华民族的美好追求，也是国家繁荣昌盛、人民幸福安康的物质基础。

一、“富强”的内涵

富强即国强民富，是一国存在的终极意义。国家强盛，是人民生活的重要保障；人民富足，是国家建立的初心和使命。“民富”和“国强”，是相互成就、互为表里的一对概念。

“国强”主要表现为两个方面，其一是政治强盛，其二是军事强盛。当一个国家对内领土统一、民族团结，对外在国际上也很有影响力，就说明这个国家政治强盛。当一个国家的军事水平非常厉害，声名远播，有很强的威慑力，令敌人不敢来犯，这就是军事强盛。政治强盛和军事强盛是体现“国强”的最重要的两个方面。

“民富”也包含两个方面的内容，一是人们的物质生活富足，二是人们的精神富足。物质生活富足可以拥有更好的衣食住行，可以享受更好的教育与医疗服务，可以不用日夜为生计奔波，这是人们的基本需求，也是人们立足社会的基本保障。精神富足也就是生命的富足，当人们的物质生活富裕到一定水平后，就需要转向精神的需求。现阶段我国社会的主要矛盾已经转化为人们日益增长的美好生活期望与不平衡不充分的发展之间的矛盾。当人们的期望没有被满足时，就容易产生焦虑、紧张等消极心理，这时如何缓解自己的消极情绪就显得尤为重要。所以，物质生活富足之后，还需要注重精神方面的需求。

富裕并不一定代表强大。历史上很多朝代都出现过这种情况，富而不强。比如北宋时期，经济发达，文化灿烂、社会异常繁荣，可结果呢？北宋与辽国的幽州之战，北宋被打的惨败，杨家将也战死沙场。北宋与西夏、金的战争，也同样以惨败告终，两个皇帝都做了阶下囚，这就是有名的靖康之耻。所以，经济富裕并不代表国力强大。

中共十八大将“富强”放在第一的重要位置，是具有深远的历史意义和实践意义的。

近百年来，我国一直处于落后状态，百姓生活十分凄苦，两次鸦片战争，西方国家的无情侵略，给中国人的内心蒙上了太多的自卑与懦弱。由贫穷走向富强，已成为中华民族梦寐以求的强烈愿望，这是我们的中国梦，一定要实现它。

1945 年，毛泽东在中共七大上作了《论联合政府》的报告，报告中针对国民党独裁政策，明确提出了成立联合政府，“领导解放后的全国人民，将中国建设成一个独立、自由、民主、统一和富强的新国家”。

1949 年，政治协商会议第一届全体会议，向全世界宣告了新中国的成立，号召全国人民团结起来，拥护人民政府和人民解放军，建立独立、民主、和平、统一、富强的新中国。

直到今天，“富强”仍是我们全体中国人的共同目标。社会主义核心价值观把“富强”放在首要位置，更是凸显了“富强”对民族复兴的重要性。

二、“富强”的心理学解读

官方对“富强”的解读是“民富国强”。从心理学角度看，“富强”两字是有不同的含义的。

什么是富？就是物质上的极大富足和丰盈。物质上富足之后，紧跟着就是精神上的富有。孔子在《论语·子路》中的一段对话，很好地解释了“富”。

（子适卫，冉有仆。）子曰：“庶矣哉！”冉有曰：“既庶矣，又何加焉？”曰：“富之。”曰：“既富矣，又何加焉？”曰：“教之。”

孔子说：“这里（卫国）好多的人啊！”冉有问：“人多该怎么办呢？”孔子说：“让他们富裕起来。”冉有又问：“富裕了又该怎么办呢？”孔子说：“教育他们。”

我们知道，人口多是因为社会稳定，没有战争和饥荒，所以会有更多的人存活下来。当社会稳定了，接下来就要做社会管理与服务的工作，要开始引导人们发家致富。而等到大多数人都富裕起来，不再为吃喝发愁时，就要开始丰富人们的思想，充实人们的内心。这时文化和教育工作就要重点发展，让大家有一个合理的价值观。所以，孔子说：既富，乃教之，此治国之本也。这是孔子的执政理念，也是很多国家正在走的路。

什么是强？“强”是拥有力量感的一种状态，与“弱”相对。例如一个人身高一米九，与人打架，个头虽不输对方，但是气势上却不如对方，别人稍微言语威慑一下他就被吓跑了。这说明什么呢？说明他不是真正的强。真正的强是具有健全的人格和自尊。不是给人一种生人勿扰，神圣不可侵犯的感觉，而是外表很平和，能够温柔待人，但遇到事情的时候也能够处理好。不以物喜，不以己悲，失败了重新来过，打倒了再重新挑战。不管生活上有多少挫折，我始终能热爱生活，珍惜生命。

三、“富强”代表着幸福的能力

核心价值观中的12个词，每一个都代表着幸福的一面，如果某个没有实现，也就缺失了幸福的一面。富强代表的是幸福的哪一面呢？就是幸福的能力，就是要让你的心理强大，人格健全。

孙中山在《建国方略》提出：夫国者，人之所积也。人者，心之所器也。国家政治者，一人群心理之现象也。是以建国之基，当发端于心理。先奠国基于方寸之地。孙中山认为要巩固国家根基，必须进行国民思想的革新。因此，健全国民心理，进行国民精神建设，成了革命建国的前提，也是其他建设的基础。

毛泽东在《心之力》中指出，宇宙即我心，我心即宇宙。细微至发梢，宏大至天地。世界、宇宙乃至万物皆为思维心力所驱使。博古观今，尤知人类之所以为世间万物之灵长，实为天地间心力最致力于进化者也。就是说，人之力莫大于心，人的力量主要是体现在人的心上。如果民众的精神状态不好，还怎么致富，还怎么强大。所以富强需要有一个好的心理状态，需要有强的心理资本能力。

全面实现小康，就是让我们心理上感觉和谐和快乐，并且生活得很舒适。当然心理的快乐要建立在物质基础的满足上，如果我们天天为生存奔波，怎么可能心安，怎么可能幸福。而等到我们在物质上获得了满足，有了房子，有了工作，之后就要考虑如何安心。现阶段，大多数人都到了该思考这个问题的时候了。

清华大学心理学系主任彭凯平曾提出“幸福拐点”理论。幸福拐点理论认为当一个社会的人均 GDP 达到 3000 美元时，幸福感就跟经济收入没有那么大关系了，社会心理问题将进入高发期。在我国，人均 GDP 从 2008 年就开始超过 3000 美元，“幸福拐点”无疑影响着每个追求美好生活的人。

2009 年我接受南方日报的访问，访问的内容就是中国人的心安可待。当时的广东省委书记，发起了幸福广东建设。新确定的幸福广东的指标，不再片面强调经济增长速度和经济总量，而是与人民群众是否幸福相结合来看幸福社会建设。省委书记强调幸福广东建设的原因，是因为那时候广东的 GDP 已经达到了很高的水平，可收入的增长并没有和幸福感画等号。当时“幸福广东”的提出正合时宜，人们需要从追求物质层面转向精神层面。

当时为了响应政府号召，我还注册了一个幸福心理学研究所，到很多企业和单位去讲幸福课程。直到今天，我仍在研究幸福心理学和积极心理学。

四、幸福的人需要具备的能力

什么样的人才是幸福的人，在我看来，可以用三个词来概括：心安理得、问心无愧、随遇而安。

1. 心安理得

认为自己做的事情合乎道理，心里很是坦然。如果做到心安理得，你就不会觉得自己吃亏，不会觉得自己出力多赚钱少，不会担心自己做不好出错怎么办，不用顾虑自己的言语会伤害别人。能够做到心安理得的人，都是安全感很强的人，也都是很有自信的人。

如何做到心安理得呢？其实说简单也不简单，说难也不难。只要真心真意去做就好了，忠于自己的内心，不自欺也不欺人。认真做好每一件事情，不会因为他人的打击而妄自菲薄，也不会因为他人的批评而怨天尤人。微笑面对当下，忠于自己的内心。

2. 问心无愧

心安理得做好之后，才能问心无愧。例如说我今天给大家上课，讲的内容都是精心准备好的，我也很认真、很真诚地在授课。如果我没有真心对待这件事，我的良心就会不安，就会觉得有愧于学员，也愧对自己。如果我的愧疚感多了，我就会“小人长戚戚”，会经常担惊受怕，这还怎么体验幸福呢？所以每一件事情，都要真心诚意地去做，这样才能达到问心无愧。

3. 随遇而安

能够顺应环境，在任何境遇中都能满足。例如来到一个会场讲课，但这个会场的环境很糟糕，我很不满意，这时我该怎么办？难道不讲课了？不能的，我要适应当下的环境，根据环境来调整自己的心理状态。能够做到随遇而安的人，适应能力会很强，也能够知足常乐，这是很重要的心理能力。不论你是处于顺境还是逆境，只要能够随遇而安，就可以说明你是一个心理健康的人，也是一个可以获得幸福的人。即使现在你并没有实现世俗认为的成功，但这种外部名利的东西早晚也会到来，因为你已经具备了随遇而安的能力。

随遇而安并不能轻易做到。需要经过忍受、接受、享受三个阶段。忍受就是内心还有怨言，但却无力改变现状，只好将就着进行，这是一种消极的应付心理。当我们在忍受时，内心会非常煎熬。接受就比忍受高了一个等级，我既无力改变现状，我就接受它，反正事实就是这样，不接受也无他法，只能得过且过。处于接受态度中的个体，情绪也是不悲不喜的。享受则比接受更高一个等级。不仅能够面对现实，而且还乐于接受现实，能够享受当下的状态，这是一种积极的态度。

我们面对问题，抱着何种态度，其实与如何解决问题是有很大关系的，如果你是忍受的状态，问题是很难得到真正地解决的；如果你是享受的状态，你会积极发挥你的能动性与创造性，积极寻找解决问题的方法，进而顺利解决问题。

五、“富强”需要做到安居乐业

富强需要人们安居乐业。如果人人都能安居乐业，那离“富强”的实现也就不远了。

我们先看看这个成语的意思。“安居乐业”是指安定愉快地生活和劳动。出自《老子》的第八十章：“民各甘其食，美其服，安其俗，乐其业，至老死不相往来。”这是老子对构建的理想国的描述：人人都能吃得很香甜，穿得很舒服，住得很安适，工作很快乐。

“安居乐业”主要体现了两方面的内容：一是安定的生活，二是愉快的工作。

安定的生活要满足两个条件，一是要有固定的居住地，二是有心理上的安稳感，能够达到安于居所的状态。现在有很多人虽居住在大房子里，但是心理上缺乏安全感，总是焦虑和惶恐，这就是只有“居”没有“安”，没有达到“安居”的状态。

同样，愉快的工作也要满足两个条件，既有稳定的工作，又能够享受工作的状态。稳定的工作并不是说“铁饭碗”那一类的职业，而是指你能长期坚持做下去，不会频繁地换工作。现在一些年轻人，一年之内能换三四份工作，他们是不可能乐业的。当然有了稳定的工作后，能够充满热情地投入到工作中，也是非常重要的。如果大家喜欢自己的职业，就会在工作中获得满满的幸福感。如果你有工作，却不能享受工作，这说明你不乐业，只有“业”没有“乐”。现在很多人觉得不幸福，其实是与工作不开心有关。

我们过去工作是为了吃饱肚子，摆脱贫困的环境。现在的年轻人工作已经不只是为了吃饱饭，而是为了享受工作的过程。这是一个根本的区别。现在很多父母，让孩子像他们之前一样艰苦奋斗，自力更生。可时代变了，新时代需有新观念，孩子要享受工作，并愉快地赚钱。如果工作不快乐，他们可能会选择辞职。所以新时代的乐业我们也需注意区分。

在职场中，如果与同事、领导的关系不好，那么大家在相处过程中就不会开心，这样是不能享受工作的。如果不能享受工作，怎么会有职业幸福感呢?

说到职业幸福感，这里我要简单科普一下。职业幸福感是指我们在从事某一职业时，需求得到满足、潜能得到发挥、力量得以增长所获得的持续快乐体验。对企业而言，有职业幸福感的员工对企业有较高的满意度和忠诚度。对个人而言，职业幸福感是主观幸福感的来源之一，拥有职业幸福感的人，对生活也是比较满意和乐观的。从这一角度来说，职业幸福感也影响着人生幸福。

职业幸福感的获得是需要大家主动参与工作，且很享受工作的过程。如果一个人所有的状态都是被动的，都是被牵着鼻子走的，怎么会有幸福感呢?所有想幸福的人都需要主动些。

总之，安居乐业主要是精神层面的安全与满足，一个人能够满意自己的处境，能够享受自己的工作，这个才是最重要的。拥有安居乐业的能力，就等于拥有了幸福的能力，拥有富强的能力。

六、“富强”与中等收入陷阱

如果一个国家只富不强，就容易陷入中等收入陷阱。中等收入陷阱是一个经济术语，指的是一个国家的发展水平，达到中等收入阶段，即人均国内生产总值在 3000 美元左右，换算成人民币约 2.1 万元左右。这个国家可能会出现两种结果，一种是持续发展，逐步成为发达国家；另一种就是经济停滞不前，出现贫富悬殊、腐败多发、社会动荡、信仰缺失等问题，这种结果就是中等收入陷阱。

中等收入国家，是世界银行按照人均国民总收入，对各国经济发展的一个分类。中等收入国家还可以细分为中等偏下收入国家和中等偏上收入国家。当然除了中等收入国家，还有低收入国家和高收入国家。

根据世界银行 2018 年公布的最新分组数据显示，低收入国家人均国民总收入低于 995 美元，中等偏下收入国家人均总收入在 996 ~ 3895 美元之间，中等偏上收入国家为 3896 ~ 12055 美元之间，高于 12055 美元为高收入国家。

自 2012 年我国经济进入快速发展后，有关中国经济可能落入“中等收入陷阱”的声音时常响起。我国的人均国内生产总值在 2010 年已经达到 4561 美元，迈入中高收入国家行列，2016 年超过 8000 美元，但是距离高收入国家人均 12055 美元的门槛还相差甚远。当前我国正处于由中高收入国家迈向高收入国家的关键时期。

关于中国能否跨越“中等收入陷阱”，习近平总书记曾说，“中等收入陷阱”是肯定要迈过去的，我们有信心在改革发展稳定之间，以及稳增长、调结构、惠民生、促改革之间找到平衡点，使中国经济行稳致远。

“中等收入陷阱”是我国现代化发展过程中不可避免的一道坎。我国想要全面建设富强民主文明和谐美丽的社会主义现代化强国，就必须要跨过这道坎儿。在追求经济增长的同时，也要注重生态保护与民生需求，注重提升全体国民的心理状态与集体心理资本水平。

七、富强需要独立的人格

富强需要我们有健康独立的人格。每个群体既能够和睦相处，又能够保留独立意志，和而不同。社会学家费孝通先生说过，“各美其美，美人之美，美美与共，天下大同”。这十六字箴言的意思是人们不仅要懂得各自欣赏自己创造的美，还要包容和欣赏别人创造的美，将各自之美拼合在一起，就会实现理想中的大同美。

从富到强，在保持独立的时候，也需要开放自己，接纳与自己不一样的思想。例如以前我努力拼搏，可能更多是为了家庭。现在我努力上进，更多是为了实现自己的价值，使更多的人因为心理学受益。这其实也是我的一个变革。

想要从富变强，就需要让全体百姓都有动力，要自己有自主性，有积极性。以前村支书做得好，这个村就是模范村；班主任教得好，这个班就是优秀班级。现在评判标准已经变了。村支书做得好，村民也富起来了，这个村才是模范村；班主任教得好，学生也爱主动学习了，这个班级才是优秀班集体。

我为自己生活，我为自己学习，我有独立的人格，我愿意主动去做一些事情，并且还懂得配合别人，这些都是富强所要具备的。

人均 GDP 达为 3000 美元之后，人们不再只把收入作为衡量幸福感的标准。也就是说，一个人并不是钱挣得越多，就会越幸福。幸福感的获得主要来自精神层面，通过实现自身的价值获取幸福感。

我们计划 2020 年全面实现小康，小康就是全面实现社会大众的舒服和谐与心理安宁，2035 年基本实现现代化，这个现代化不光是工业现代化，政治经济体制的现代化，还有心理层面的现代化，就是让所有人都能获得快乐与幸福。

从心理学角度来看，全面实现现代化是能够成真的。各位基层的党员，还有我们的管理者、服务者，如果我们能够提升民众的心理资本，让其心态更和谐，积极情绪更多，多一点自豪感，多一点满意，多一点兴趣和好奇心。少一些抱怨，少一些嫉妒，少一些愤怒和焦虑。我们实现全面现代化的工作就会更好开展。

参考文献

[1] 王立新 . 论社会主义核心价值观之“富强”的解读与探讨

[J]. 吉林广播电视大学学报(05):101-102.

[2]曾永安 . 论社会主义核心价值观范畴：富强[J]. 产业与科技论坛 .2011,10(21):142-143.

[3]楚天舒 . 富而不强的历史镜鉴 . 解放军报，中国军网 .2017.

第六章
民主：选择的能力

社会主义核心价值观，在国家层面的第二个价值目标是“民主”。民主是人类社会的美好诉求，也是我们国家对国民呼求的一个积极反应。

一、“民主”的内涵

“民主”的本意是人民统治，意思是人民治理或做主，“多数人的统治”概念的核心是人民主权。民主与专制是相对的，民主是多数人的民主，而非少数人的民主。我们追求的民主是人民民主，其实质与核心是人民当家作主。它是社会主义的生命，也是创造人民美好幸福生活的政治保障。

在现代政治理论中，民主一般具有两层含义：一是民主作为一种政治体系，所有的成年公民都可以参与公共决策，如党的根本组织制度和领导制度就是民主集中制；为了实现人民当家做主，我国施行依法治国的基本方针，依法治国是社会主义民主的制度化表现，是实现人民当家做主的根本保证。二是民主具有评价性和引导性，属于价值范畴，在一定程度上吸收了人类政治文明中的合理内容，包括自由、平等、人权、法制等。

我国曾经历漫长的封建专制制度，最缺乏的就是民主。1949年开国大典，毛泽东站在天安门城楼上，向全世界宣布“中国人民从此站起来了”，当时全国上下欢声鼓舞，沸腾一片。由于经历了上千年的封建专制，人们被压迫得太久了，才会有这样强烈的反响与呐喊，这是中国人民的心声。

二、“民主”的心理学解读

作为社会主义核心价值观的民主，在定位上既是国家层面的，也是社会和个人层面的，国家层面展示中国式民主的话语权，而在社会层面和个人层面，又有不同的内涵。社会层面的民主，主要表现在民主观念的培育以及民主协商等，个人层面的民主注重个人民主权利的行使。

如果要落实核心价值观，就需要把核心价值观同个人联系起来。因此我们在解读“民主”时，也要重点站在个人角度上进行阐述。

从个人层面上来讲，民主主要体现在两个方面，一是行使权利，人人都有权利；二是履行义务，人人都需要履行义务。那么，人民当家做主，是不是意味着我们都具有民主的能力呢？有一个词叫“民主的能力”，这个能力主要说的是心理能力。

例如每个公民都具有法律赋予的权利，可以在法律规定的范围内去维护自己的利益。但是有些人却滥用权利，甚至用权利来伤害他人，这就是在心理上不具备行使民主权利的能力。拿选举权来说，人人都拥有选举权，但是有人在行使选举权后，突然变卦了，甚至还和选举出的人产生了肢体上的冲突。从表面上看，他具备了民主的权利，但实际上他在心理上是不具备这个资格的。

一些西方国家推行民主选举后，国家一直发展缓慢，甚至经济开始走下坡路，社会开始动荡。这和民众的民主能力水平低是分不开的。民主背后需要有心理资本。只有当个体民主能力不断提升，国家的民主才能一步步实现。

自律和自觉，是民主能力的体现。如果一个人自觉能力和自律能力不够，不遵守规则，不遵守法律，例如有些基层干部公报私仇，把邻居的车砸了、故意不帮平时有过节的民众办理业务等行为，这就是没有民主的能力。

另外，民主是对个体生命尊重的一种状态。我来说一个有关器官移植的例子。之前国际移植界发布了对中国移植界的“三不”政策：不承认临床移植成果，不允许在国际权威杂志发表临床器官移植文章，不同意中国移植专家加入世界移植协会。

为什么会这样呢？因为我国之前依赖死囚器官来进行移植，这种方式成了中国移植事业发展的大障碍。另外如果器官移植医疗服务不公开化、透明化，再加上器官供需的矛盾，很容易滋生器官买卖等违法行为。直到50多年前，我国宣布，器官移植均由公民自愿捐献，家长必须签字确定，才解决了这个问题。世界医疗主张对生命尊重，对人权尊重，其实都是民主的彰显。

我在讲儿童教育课的时候曾举过以下例子：有的老师讲课的时候说，同学们你们要听话，因为我能让你们考出好成绩。听起来好像没问题，但是如果学生完完全全听老师的话，自己却没有一点思考，就容易丢失自我。这也是对人性的不尊重，也是没有做到民主。

总之，我们要做的工作是如何实现民主。因为民众具备民主的心理能力还不够，因此我们要加强民众民主的心理能力，现阶段就是我们应该努力的时候。

三、“民主”代表着选择的能力

中国特色社会主义新阶段，需要我们具备民主的能力。民主的心理能力是什么？是具备选择的能力，需要民众为自己的选择负责。

人随时都要面临选择。例如我早上吃什么，几点起床，今天约谁，这都是在选择。

那么选择和民主有什么关系呢，人人都有选择权，这就是民主。但是有选择权并不代表你有选择的能力，如果你没有能力，民主在这里可能就是一种浪费或者是招惹是非的借口。

例如，每个人都拥有离婚的权利，但并不是每个人都具有离婚的资本，当然这个资本主要是指心理资本。有人离婚后，比离婚前过得幸福；可有人却比离婚前更糟糕，离婚也是需要资本的，离婚之后，能不能放下以前的人和事，也是非常重要的。

选择是一种能力，也是一种智慧。在《鱼我所欲也》中有过这样的言论：“鱼，我所欲也；熊掌，亦我所欲也。二者不可得兼，舍鱼而取熊掌者也。”熊掌，我想要；鱼，我也想要。但是两者不可兼得的时候，我选熊掌舍弃鱼。我不会模棱两可，也不会左右摇摆。

个体的幸福不是建立在他人的能力、意志、水平上，而是建立在自己身上。民主是人人都有能力承担自己所做的行为。我们推行民主，有时候会有困难，原因是法律赋予了民众权利，但是有一部分人实际不具备选择的能力。

从心理学角度来说，民主的实现需要大家都拥有选择的能力，都能有为自己的选择负责到底的能力。我们不仅要想自己能做什么，还要想到对能做的、做了的事情负责。

在我看来，权利分两种，一种是法律赋予的权利，一种是自己具备了责任的能力而拥有的权利。人人都有权利，没错，这是法律赋予的权利，但是谁能敢保证用权利做出的行为，一定会让自己开心快乐？这其实是一个未知数。

欠缺选择的能力的人，都是不具备享受责任能力的人。某种意义上来讲，他们只是具备一半权利的人。权利的一半是法律赋予的，权利的另一半是你具备责任的能力而行使的。

我们有时做事喜欢用双重标准，例如当父母想要孩子听话时，会说：“我吃过的盐比你吃过的米都多，天下有害孩子的父母吗！”当父母想要孩子独立时，会说：“我养你这么大，你自己要为自己负责，谁也不能管你一辈子！”父母以双重标准教养孩子，孩子同样也会用此方式回报父母。例如，当孩子遇到解决不了的难题时，会求助父母，如果父母不帮助他们，孩子可能会说：“我是你们生的，你们就要对我负责！”当孩子想独立做一些事情，不想让父母管教时，孩子会说：“我长大了，你们不要处处管我了，我也有自己的思考与判断！”

如果我们用双重标准来要求他人，是不可能有民主的能力的。凡是符合自己利益的，就积极参与；一遇到事，就马上开溜，这怎么能行？只有当我们拥有了选择权，且也能把选择权利行使得很好时，民主才能真正实现。

四、选择时需要遵循两个原则

1. 进行取舍

做选择就要有取舍。有人干脆不选择。例如，几个人一起去吃饭，问你想吃什么，你说无所谓，你们吃什么我就吃什么，这是不选，不选也是一种选择。那些选择不投票的人，他们是选择了让那些投票的人帮忙做决定。

弃权也是一种选择，但是问题在于弃权后，你接不接受之后的结果。还拿吃饭的例子来说吧，那些选择吃什么无所谓的人，如果旁人真选了一家饭菜不是很合他胃口的，他是否会接受？当他把选择的权利交给了别人，可是吃得不好的时候，他是否会抱怨？这种总持有无所谓态度的人实际上是欠缺选择能力的人。虽然他们拥有民主赋予他们的权利，但是还不具备民主需要的能力。

2. 精神重于物质

选择的时候，需要遵守精神重于物质的原则。大家都知道礼义廉耻。把这四个字拆开来解释，礼定贵贱尊卑，义为行动准则，廉为廉洁方正，耻为有知耻之心。礼义廉耻就是社会的道德标准和行为规范。

舍生而取义，就是坚持行为准则，不愿有任何的违反与懈怠。当物质和精神冲突的时候，孟子选择精神。孟子认为无是非之心，非人也。精神是大于物质而存在的。

对人性的讨论，一直是思想家们思考的重点。孟子认为人是善良的，小孩子掉进井里，大家都很心疼，并争着去救他，这就是人性的善。荀子坚持人性是恶的，如刚刚出生的婴儿，母亲给婴儿哺乳，婴儿却只知道满足自己的欲望，而不管母亲是否有奶水或者母亲是否会疼痛。告子却倾向不善不恶说，告子认为人的自然属性不具有道德意义，善恶的产生乃后天习俗所致。也就是说，人从出生就如白纸一般不善不恶，但是会受到周围环境的影响，环境的好坏直接影响人的善恶。在古人心中，人性与兽性是明显有上下贵贱之分的。

总之，我们在选择的时候要遵循两个原则，第一是取舍之后接受选择的结果；第二是选的时候要更倾向于精神，而非物质。

五、什么人容易心理不健康

选择是一种能力，也是一种快乐。什么样的人容易心理不健康，在回答这个问题之前，我们先介绍一下什么是心理健康的责任人。

卫计委已明确提出，加强心理健康，人人都是“第一责任人”。每个人都要做自己心理健康的第一责任人，共同营造理解、接纳、关爱精神心理疾病患者的和谐社会环境。

在我看来，心理健康的人并不是比别人多厉害，而是他们愿意承担自己行为的后果，虽然有些后果也可能承担不了，但是他会承认这是我的责任。心理不健康的人，则没有承担不良后果的担当。

什么人更容易心理不健康？首先是心理冲突的人。按照中医理论来说，神经症都是因为心理冲突。

就拿怕鬼来说，什么人最怕鬼？就是那些既相信有鬼又相信没鬼的人。相信有鬼的人，他们会敬畏鬼，并在日常做事时会很注意自己的言辞与行为，尽量不要冲撞那些鬼神，所以他们并不是很怕鬼。而不相信有鬼的人，他们不知者无畏，自然也是不怕的。卡在相信与不相信中的人，由于他们一直拿不定主意，对于未知的事情自然抱有恐惧，所以他们是最怕鬼的人。

其次是缺乏真诚的人。正因为缺乏真诚，他们的内心才更容易患得患失。要不然为什么说“小人长戚戚”。

有人问孟子：“孟先生你有什么本事啊？”孟子说：“吾能言，吾善养浩然之气。”就是说，我有两个本事，第一个是我懂得辨析言辞，第二个是我善于养浩然之气。

什么是浩然之气？孟子的原话是：“难言也。其为气也，至大至刚；以直养而无害，则塞于天地之间。其为气也，配义与道，无是馁也。是集义所生者，非义袭而取之也。行有不慊于心，则馁矣。”

就是说浩然之气是一匹马，我骑上这匹马可以云游四海，可以畅游精神世界。真诚是草料，可以喂养我的浩然之气，让我成长为内外通透的人，说话的时候才能掷地有声，面对别人的时候也能够真诚交心，不需要两副面孔。真诚对别人，真诚对自己，允许自己不开心，甘心接受任何选择的后果。

六、如何践行民主

行为是由个体做出来的，个体的心理要具备支撑这一行为的心理要素。如若支撑不住，即使法律赋予了权利，个体也很难行使好。例如我们让青少年做一些决定，但很可能他们做完之后是没有能力承担责任的。

在基层开展工作，如果要提升民众的民主能力，就需要在选择能力和承担责任能力上做工作。而要想提升民主水平，我们要做的工作就是提升一个人对自己负责的能力，提升一个人面对自己的责任，不逃避的能力。

1. 拥有勇气

我们做出选择有时是需要承担一定的压力与风险的，这时就需要勇气。

一个有勇气的人，能够将恐惧情绪与自己的行为分开，会抗拒逃跑的冲动，虽害怕但仍能面对恐惧。勇敢还体现在道德和心理上。道德上的勇敢类似于明知不可为而为之，明知做某事会把自己置于不安全的境地，但仍然挺身而出。心理上的勇气指泰然自若地面对逆境，不为此丧失自己的良知和尊严。

例如有两位村主任候选人，普通的村民该选择谁呢？如果村民选择的人，上任后很不负责，或者之前表现良好，上任之后却变得不负责任，那村民是否要承担这个风险呢？还有其他的情况，如看到老人不敢扶，看到有人被欺负不敢制止，看到不公平的事不敢发声。这都是缺乏勇气的表现。

2. 为自己负责

行使民主权利时，也要承担一定的义务，权利与义务是如影随形的。正如拥有选举权，却不一定有好的选择能力一样，义务与承担义务的能力也是不能画等号的。

义务的承担是分层次的，例如一对夫妻有三个儿子，父母年纪大了，需要三个儿子来赡养。赡养父母是子女的义务，对于承担父母的生活费，三个儿子有不同的表现：第一个儿子很是抱怨，被迫承担（第一层次）；第二个儿子不悲不喜，知道这是应该承担的，按时给父母打生活费（第二层次）；第三个儿子认为，自己挣的钱，能够用来赡养父母，这是很开心的事（第三层次）。

三个儿子的不同表现反映出了义务的三个层次：第一层次是被迫承担义务，很不开心；第二层次是知道要承担义务，接受现实，不悲不喜；第三层次是乐于承担义务，感觉承担义务能给自己带来很多快乐，会使自己的人生充满意义。

如果我们对义务的承担都处于第三层次，享受义务，享受义务带给我们的快乐，就说明我们具有承担义务的能力。有些人总是说自己有权利，但是行使完权利后，却不能为自己的行为负责，出现了不好的结果，也不敢承担责任，这就是不具备责任的能力。

例如我想邀请一个人吃饭，他同意了，但是在去饭店的路上，我后悔了，不想和他吃饭了。这时我该怎么办呢？我能否直接对他说，不吃饭了，咱们散了吧？那肯定是不行的，我需要为自己的决定负责。

对自己负责的能力，不是一下子就能提高的。这是一个循序渐进的过程，我从事心理学工作20年了，也还在努力阶段。

参考文献

[1] 王晨艳，李奎刚．关于作为社会主义核心价值观的民主之思 [J]. 南京航空航天大学学报（社会科学版），2013(02):12-16.

[2] 曾永安．论社会主义核心价值观范畴：民主 [J]. 产业与科技论坛 (19):187-188.

[3] 左乐平．民主和公平：社会主义的核心政治价值观 [J]. 江苏广播电视大学学报，2009,20(06):95-98.

[4] 马丁•塞利格曼，洪兰．真实的幸福 [M]. 北京：万卷出版公司，2010.152.

第七章
自由：成为更好的自己

社会主义核心价值观，在社会层面的第一个价值目标是“自由”。社会层面的价值观是对美好社会的生动表述，它反映了中国特色社会主义的基本属性，是我们党矢志不渝、长期实践的核心价值理念。

一、自由的解读

“自由”被放在核心价值观的社会层面，是有其独特的理论用意的。此时的自由不单是指个体的自由，还是团体、国家的自由，具有明显的集体主义特色。

核心价值观倡导的自由，主要包含三个方面：经济上的自由、政治上的自由和精神上的自由。

1. 经济上的自由

经济发展是获得自由的条件，但是经济发展并不能保障人人都享受自由，甚至一部分人的自由建立在对另一部分人自由剥夺的基础上，因此经济上的自由需倡导社会公平。全体社会成员对生产资料的共同占有，公民财产权得到保障，是经济自由的前提。另外，保障公民福利，满足公民对基本生活水平的要求，这是获得经济自由的目的。经济自由需要保障公民劳动权利和自由贸易的权利，这是获得经济自由的手段。

2. 政治上的自由

理解政治上的自由，有助于我们理解政治权利与义务。首先，人们可以在无外界压力的情况下对自己的政治信仰、态度与行为做出自由选择。其次，政治自由不是无限制的满足个人的欲望，个人自由的实现是建立在不妨碍他人自由和国家社会整体自由的基础上的。无论什么党派，都必须坚持拥护共产党的领导和社会主义，这是底线所在。建立法制社会就是为了实现自由。再者，政治自由反对自由特权，反对自由虚无性，要用法律保证群众的监督自由、人身自由、知情自由等。

3. 精神上的自由

精神上的自由一直是国人追求自由精神的方向所在。但目前由于各种原因，国人精神的自由还远远不够。很多人认为精神自由是空谈，现在规章制度那么多，又有很多条条框框的规定。要想获得精神上的自由，需要拥有独立思考的能力，并勇于突破，敢于创新。一定要在精神上有追求，不要被金钱与名利蒙蔽了双眼。

需要强调的是，社会主义核心价值观的每个价值追求，都不是独立存在的，它们之间是相互联系的有机整体。社会层面的价值观也是如此，要想更深入、更全面地了解自由，需要把它放进“自由、平等、公正、法治”这个价值体系中。

4. 自由和平等

自由是平等的目标，当我们获得政治上的自由、经济上的自由和精神上的自由时，我们也就获得了相应的权利，从而大家都是平等的。平等是自由的重要前提，没有平等，自由更无从谈起，拥有平等的权利，才能带来更多的自由。平等和自由是相互促进的，没有平等的自由和没有自由的平等都不是我们所追求的，要使自由中孕育着平等，平等中也包含着自由。

5. 自由和公正

公民自由是社会公正的基础，没有自由，何谈公正，公民不自由就是社会最大的不公正。另外，社会公正的最终目标是要实现人们的普遍自由。当然社会公正会在一定程度对自由进行限制，但这种限制是为了阻止大家妨碍和伤害他人的自由。要实现更大范围的自由，社会必须要公正，要有制度。

6. 自由和法治

自由是法治的目的之一。为何我们要制定法律，要更新和完善法律，就是为了维护人们的自由。人们对自由的追求也是法律不断完善的动力之一。另外，法律也保障着自由，法治意味着所有人都应该服从法律，能够排除某些人为的不公正的约束，从而保障个人自由的实现。

二、传统文化中的自由思想

社会主义核心价值观是根植于传统文化的，它继承了传统文化的精髓。中国传统文化中包含不同自由思想，如儒家的“入世自由”，道家的“忘世自由”，佛家的“出世自由”。

儒家对自由的思想贡献最大，其自由理念主要表现在两个方面：一是自由人格，二是自由国家。

自由人格即君子人格。个体具有自强不息的精神是君子必备的基本品格。君子人格的尊严由独立意志来表现，独立意识表明个体自由的程度。但君子的独立意志并不是盲目地坚持己见，而是以理性的选择为前提。孟子追求“君子深造以自得”，认为学习是一种追求精神自由的活动。

自由国家即大同社会。孔子认为，通过对礼法的学习，实现对人的教化，最终达到社会秩序的重构，实现和谐社会。在和谐社会中，人人都能得到社会的关爱。彼此之间宽容、尊重，人与人平等相处，各得其所，各有所用。

道家的自由思想是我国自由思想的萌芽。道家追求“忘世的自由”，在道家看来，现实生活是一种羁绊、牢笼，是不自由的，甚至有时候还是罪恶的，所以应该避开现实，忘却现实。因此，道家向往大自然。“得意忘形”是道家追求的崇高境界。所谓“得意”即“得道”，“忘形”就是忘掉肉体，摆脱“臭皮囊”的束缚。

老子认为圣人应该处无为之事，行不言之教。通俗来讲，圣人应该顺其自然，不要进行太多人为的干预，不要用具体的语言文字来教育民众。老子的思想明显有种自由放任的意味。庄子强调心灵自由，认为人应当突破世俗的束缚与控制，摆脱功名利禄的诱惑，只有这样，他的精神世界才是悠然自在的，才是自由的。

至于佛家，其追求的是“出世的自由”。佛教认为人间是“无常”的“苦海”，大千世界都是在苦难中遭受轮回，没办法超脱，哪里还有自由可言？世间的一切存在，都是“因缘”凑合而成，没有什么自我，既然没有自我，何谈自由呢？要想超越生死轮回，度过苦海，就需要达到“涅槃”的境界。“涅槃”就是一种高度自由且充满智慧的精神境界。

总之，不管是儒家、道家，还是佛家，都重视对自己内心的超越，强调摆脱物欲的牵绊才能获得真正的自由。

三、自由是成为更好的自己

自由具有心理学与社会学的概念。从心理学层面来讲，自由是按照自己的意愿做事。从社会学层面来讲，自由是在不损害他人自由的前提下按照自己的意愿行事。

正如之前对自由的三方面解读：政治上的自由、经济上的自由和精神上的自由，心理学中的自由主要论述的是精神自由。自由是指人的意志自由、存在和发展的自由，自由不是为所欲为，不是要损害他人，而是在人类社会进步前提的限制下，在人类社会现有的制度下，以及个人的条件下，最大限度地发挥自己。爱我所爱，想我所想，无忧无虑，无拘无束。自己所做的每一件事在条件范围内都不会得到限制，自己遇到的每一个困难都可以克服。

马克思曾对人的自由发展概括为三个基本阶段：人与人相互依赖阶段、以物的依赖关系为基础的人的独立性阶段和人的自由和全面发展的阶段。人的全面发展表现为自由从低级到高级逐渐上升的趋势。

1. 人与人相互依赖阶段

起初人与人之间是相互依赖的。如古时仆人依赖主子，仆人需服从主子，才能得到应有的保护；古时妻子依赖丈夫，丈夫通常在体力上较为优越，妻子依存丈夫，才能获得经济保障与人身安全；大臣依赖皇帝，皇帝是天下之主，大臣必须顺从皇帝的旨意，才能够位高权重，丰衣足食，否则可能遭受灭顶之灾，甚至是满门抄斩和株连九族。

2. 以物的依赖关系为基础的人的独立性阶段

随着生产力的快速发展，人们不再全盘依赖他人来获得生存所需的物质资料。这使得人们从对人的依附关系中解脱出来，开始有独立的自我意识。但是在这过程中，人们又陷入了以物的依赖关系为基础的人的独立性阶段中，人们将独立意识片面理解为我想买什么就买什么，想怎么消费就怎么消费，拥有金钱的自主权，就可以独立自在。

3. 人的自由和全面发展的阶段

此阶段主张个性自由，我们不再依附他人，不再追求经济消费，开始追求个性解放，主张人与自然、人与社会、人与人之间的和谐相处。生命对每个人来说都是独一无二的，如何让自己在有限的时间内，彰显生命的力量与价值，让生命散发光彩，这是最重要的。

人类社会为什么提倡自由，在我看来，就是为了追求人的全面发展，让每个人的生命状态都能在现有的、进化的基础上，在社会规范、礼俗、法治条件要求下，成为更好的自己，这就是我们提倡的自由。当我们每个人都能成为更好的自己，都能成为闪亮的自己，那么这个社会就是自由的。

正如弗洛姆所说：“自由是一种态度，一种倾向，是成熟的、全面发展的、有创造性的人的性格中的一部分。”这里的性格主要是社会性格，即在某一文化中，多数人共同拥有的性格结构的核心，也就是说，自由不是一个人的渴望，而是整个民族、整个国家的追求。

从心理学角度讲，崇尚自由是每个人的天性，渴望自由是每个人的追求。

我们为什么渴望自由，是因为我们生来是“不自由的”，从生理学角度来说，人作为生物，需要满足吃饭、喝水、休息等基本需求。为了满足这些生存需求，我们必须去工作，去用劳动换取我们所需要的物质资料。从社会学角度来讲，人是群居生存的社会动物，这就造成我们需要归属感。一个人就算再怎么独立，他与整个社会的文化、观念、价值观等也会有不可分割的联系，这些联系会给予他归属感与安全感。而一旦脱离了这个联系，就会感觉孤独，严重者会导致自杀倾向。无论人如何独立也需要有归属感，才会感觉自由。

正因为我们生来是不自由的，所以我们在追求自由的过程中，会遇到一些困难。例如我们不想抛弃社会的这种归属感，所以宁愿躲在父母的庇荫下，也不愿面对世界的未知与危险。

面对自由，我们主要有两条路。一条是前进的路，即发展内心的力量，完善自我人格，通过爱与工作建立起自己与外部世界的联系；另一条是后退的路，即当感觉孤独、焦虑时，放弃个体独立，退回到原来的依附状态。当然我们崇尚的自由，应该是前进的路，是完善自我，让自己变得更好的路。

我们要追求自尊、自爱、自信，这些都是自由的体现。现在妇联会做一些提升妇女自尊的工作，让妇女同胞们更爱自己，欣赏自己，实际上就是在提升女性独立自主的心理资本，同时也在践行社会主义核心价值观。这是从心理教育的角度提高自由水平，不是从德育和政治教育上去实现自由。

总之，自由是能够在现有的条件下，创造一些可能实现自我的一种过程。在对的范围上坚守对人性自我的捍卫，做到这样的人都是自由的，同时也是幸福的。自由是自我完善、自我实现的需要，也是对生命存在的肯定。

四、自由的人要相信国家的文化

自由的人在坚定不移地走自己的路。半信半疑的人不是自由的，坚定不移的人才会得到自由。

我到各地去讲学，面对学校的校长，各地教育局人员或政府官员，都会表达出内心坚信的一件事：我相信中国特色社会主义道路，相信的理由更多是因为我们的文化。

著名的历史学家汤恩比教授在20世纪70年代曾说："19世纪看英国，20世纪看美国，21世纪看中国。"别人问他为什么？教授说："我不是看现在的中国怎么样？我是看历史上的中国是怎么发展的。"

汤恩比教授认为中华文化中儒家的仁爱思想，将会为人类做出巨大的贡献。欧洲国家有1/4的人患有心理疾病，人类遇到了新的挑战，此时必须要有一种对人性正确理解的学说，来解决这样的问题。汤恩比教授看到了儒家学说思想的可取之处，在中国古时实力与经济发展还比较缓慢的时候，教授能对中国文化进行这么高的评价，可见我们传统文化的魅力与价值。

40多年改革开放，虽然我们不断吸取外来文化，但是我们的本土思想并没有受到很大影响，中国人还是崇尚和谐，崇尚善良，并勤劳工作，努力耕耘。中共中央为什么努力建设文化自信，就是让全体中国人相信中国文化。相信中国文化，就是相信中国道路。中国道路是中国人自己选择的道路，是在历史的推动下自然而然走的路！

五、实现自由的方法

社会主义核心价值观的自由，虽然是在社会层面上提出的，但最终的落脚点还是在个体身上，毕竟社会是由个体组成的，社会自由要通过个体对自由的追求和践行来实现。

在成为更好的自己的过程中，我们要具备一些能力，一是自我认识的能力，二是对自己有办法的能力，三是发展独立的人格。

1. 自我认识的能力

自我认识的能力，首先要清楚自己有什么，会什么，哪些是自己擅长的，哪些是不擅长的。如果自己不清楚，还怎么扬长避短呢？更不用说发挥自己最大的潜能了。所以我们必须认识自己，只有最大限度地认识自己，才能最大限度地发挥自己。

人类社会没有停止过对自我的探索。孔子是伟大的思想家、教育家。被称为中国最后一位大儒家的梁漱溟先生曾这样评价过孔子，他说："孔子毕生所研究的，的确不是旁的而明明就是他自己，不得已而为之名，或可叫作'自己学'。"孔子对先秦时代穷奢极欲的现象深恶痛绝，他认为这种自由是一种不道德的自由，退回到了动物式的本能欲望。由此也可看出，孔子的思想就是自己的生活，就是自己的主意，自己站立场。

另外道家庄子对自由也有自己的理解，同时也能体现出他的处事态度与行为方式，如追求游于自然之中，和自然齐一。现在很多人喜欢旅游，喜欢到自然中放松，这就是道家的逍遥游思想。

不管是孔子还是庄子，他们都是在探索人的生命到底能够发挥到多大。所以提倡自由，首先要认识自己，认识自己的不足，认识自己能够发挥的潜能。之后才能把自己的优势发挥出来，实现真正的自由。自由不是无限地、笼统地、空洞地做事情，而是在了解自己的基础上去进行。

2. 对自己有办法

除了了解自己外，还要对自己有办法。只有对自己有办法，才能最大程度地享受自由。从古至今，很多学者和先贤追求的都是生命的真正自由，了解自己，对自己有办法。但是我们今天所做的工作更多的是我了解别人，对别人有办法，我怎么样让别人对我没有办法，这完全是偏离正道了。其实我们的方向应该是了解自己，对自己有办法。

我讲课后很喜欢让大家讨论对这节课的感受。想知道大家听完这节课之后有什么收获，能获得什么。但是很多人都是站在旁观者的角度来评价我这节课上的效果，而不是站在自己的立场谈感受。作为讲课老师，我从自身的角度去表达教学内容，而学员作为听众，他们也需从自己的角度谈课后感想，而不是带着自己的一套评价标准，来评价我上的课哪些地方好，哪些地方不好。不涉及自我，哪还有自由可言。

只有对自己有办法，才能最大限度地享受自由。如果你只是了解自己，而对自己没有办法，那还是改变不了什么。当遇到困难的时候，你能有办法解决；当你想要冲动的时候，你能够去克制自己，并想到合理的方法，这才叫自由。

3. 独立的人格

了解自己，对自己有办法后，我们还要有独立地思考、独立地创造。真正自由的人具备独立的人格，独立的思考，独立的观点，独立的判断。独立不是说你与别人是对立的，而是本身具有独立的思考。大家在一起讨论事情，而你只是随声附和，还谈什么自由。

自由不是为所欲为，自由是精神意志的独立，即便被别人束缚，失去了身体的自由，但你依然可以在精神上不屈服，你的独立意志是别人拿不走的。有独立精神的人，自我认识水平也会相对较高，他们也是对自己有办法的人。

很多革命先烈就是这样的，刘胡兰，10 岁起参加儿童团，14 岁被选为中共预备党员，15 岁英勇就义，面对明晃晃的铡刀，毫不胆怯，她生得伟大，死得光荣；叶挺、方志敏为革命献出了宝贵的生命，但他们的自由意志是不能被人拿走的，他们是真正的自由主义追求者。

如何实现自由的最大化呢？我们可以从如何成为更好的自己这个方向切入。比如可以列一个清单：我还可以做得更好的几件事，我还可以再读点书；我还可以跟我的孩子更多地交流，使我们的关系更好；我还可以跟我的邻居更多地沟通，使我们更和谐；我还可以给远方的朋友打个电话。

其实我们很多时候都在限制自己，以“我不能”“我不行”等言语来定性自己。我们可以转换一下视角，用“我可以”来处理问题，来面对生活。

总之，理解和践行社会主义核心价值观的自由，关键是采取有效的方式引导，教育大众合理地追求自由并通过自己的努力获得自由，从而增大社会的“自由能量”，促使自由价值观落到实处。

参考文献

[1] 郭慧．社会主义核心价值观中的“自由”概念解读 [J]. 兰州文理学院学报 (社会科学版),2015,31(01):6-9.

[2] 王国富，王丽娜．论社会主义核心价值观的辩证自由思想 [J]. 辽宁大学学报 (哲学社会科学版),2015(43):39.

[3] 张祖冲．自由意志与社会主义核心价值观的确立 [J]. 吉林师范大学学报 (人文社会科学版),2014(05):96-99.

[4] 袁芳．社会主义核心价值观视阈中的自由解读 [J]. 淮北职业技术学院学报 ,2015(01):7-9.

[5] 董辉．“自由”作为核心价值观的基本蕴含及其现实意义

[J]. 甘肃理论学刊 ,2015(02):14-18.

[6] 张苗苗 . 社会主义核心价值观内容解读之“自由”[J]. 思想政治教育研究 ,2015(01):50-52.

[7] 黄玉顺 . 中国传统的自由精神 : 简论儒道释的自由观 [J]. 理论导刊 (04):42-45.

[8] 王国良 . 儒家君子人格的内涵及其现代价值 [J]. 武汉科技大学学报 ,2015

[9] 杜丽燕 , 尚新建 . 弗洛姆论逃避自由 : 心理学视角 [J]. 求是学刊 ,2012(01):39-43.

[10] 弗洛姆 . 逃避自由 [M]. 上海 : 上海译文出版社 ,2015.21,21,93-94,123,173,175,177,184-185.

[11] 邓晓芒 . 什么是自由 ?[J]. 哲学研究 ,2012(07):64-71.

第八章
爱国：本能的需求

社会主义核心价值观，在个人层面的第一个价值目标是“爱国”。个人层面的价值观覆盖社会道德生活的各个领域，是公民必须恪守的基本道德准则，也是评价公民道德行为选择的基本价值标准。

一、“爱国”的内涵

“爱国”一词很早就出现在我国的历史文献中，《战国策·西周》：“周君岂能无爱国哉！”是文献中关于“爱国”的最早记载。《汉纪》中提出“亲民如子，爱国如家”。西周和汉朝都强调“爱国”，可见爱国的观念由来已久。不过此时的爱国还只存在于表层，更多的是对国家的忠诚，是对人民群众心理情感和外在行为的一种要求。

随着时代的发展，爱国在社会实践中也得到了升华，爱国不单只局限于对国家的忠诚，而是深层次地反映了人们对自我利益和祖国利益关系的理性认识，立志为祖国利益奋斗的坚定信念。

爱国是个人层面的第一个价值目标，其内涵也十分广泛。官方对爱国的阐释：爱国是基于个人对自己祖国依赖关系的深厚情感，也是调节个人与祖国关系的行为准则。它同社会主义紧密结合在一起，要求人们以振兴中华为己任，促进民族团结、维护祖国统一、自觉报效祖国。简而言之，爱国就是对祖国的忠诚和热爱，其核心是对民族和国家的生存发展、繁荣兴旺等根本利益的关心与维护。

正如习近平总书记指出，在中华民族几千年绵延发展的历史长河中，爱国主义始终是激昂的主旋律，始终是激励我国各族人民自强不息的强大力量。作为民族精神的核心，爱国主义是一个历史范畴，在不同的历史时期有不同的主题，但又一脉相承、与时俱进地发展着。

在奴隶社会和封建社会，国家大多以血缘关系维持着族群共同体，此时的忠君即爱国，忠君爱国是当时社会认同的道德价值理念。近代中国，西方列强的侵略、封建地主势力的压迫，决定了当时社会的主要矛盾是帝国主义和中华民族的矛盾，封建主义和人民大众的矛盾。当时的爱国主题主要表现在反抗帝国主义和封建势力。现阶段，社会的主要矛盾已经转变为人民日益增长的美好生活需要和不平衡不充分的发展之间的矛盾。爱国主要体现在坚持社会主义道路，要求人们以振兴中华为己任，积极维护祖国统一。

二、“爱国”是一种本能

过去我们更多把爱国归为政治的、思想的、道德的方面，而从心理学的角度讲，爱国是一种本能情感，是进化而来的。

古时，尧舜禹时期就产生了部族，是以血缘关系聚集成的一个族群，为什么要以血缘呢？是因为不容易被其他族群所消灭。例如家族中有 50 人，你看到老虎来了却不告诉大家，导致这个族群中的人都被吃掉，那你也一样不可能存活。人有生存的本能，靠集体劳动才能生存下去。我们要与他人建立一个心理上的、生活上的联盟，而最早的这个联盟就是族群。

人是群体动物，我们在社会中会有维护社会的本能行为，在一个群体中，有群体的共同价值观，这个群体可能没有国的概念，但是已经有了团体的概念。我们要维护这个团体，维护团体的利益，避免团体的利益受损。

人人都有维护自己种族繁衍的本能。这个本能不需多加考虑，是自然而然形成的。那么以此类推，爱自己的民族、爱自己的国家也是一种本能。我们形成了共同的生活方式，形成了共同的认知价值观。我们主动维护这种文化，主动维护就体现出对文化的爱，民族的爱。

爱国情感是一种本能的心理。而既然是一种本能的情感，我们就不必过于担心，不需天天宣扬。但当国家有需要的时候，我相信会有很多人响应号召，奔赴前线的。

三、爱国能够产生积极情绪

爱国是在积极心态的基础上，在理性的指导下，在认识的逐渐深化中产生的一种美好、幸福、崇高、光荣的愉悦情感。民族自豪感是人民对历史和现实成就产生的愉悦感。民族自豪感激励着人民为祖国争取更大的成就与荣誉，也吸引着人民与祖国荣辱与共、患难相依。

现在我们想象一下：当你站在国旗下，听着《义勇军进行曲》：我们万众一心，冒着敌人的炮火，前进……这个时候你的身体里是不是涌现一股暖流，你的眼眶是不是有泪水翻滚而出。国家的快速成长使国人无比自豪，民族自豪感也从心底油然而生。

积极情绪主要分六大种类，分别是快乐、满意、兴趣、自豪、感激和爱。听国歌产生的自豪感就属于积极情绪。积极情绪具有拓展和建设的功能。比如快乐、满意等情绪可以扩大个体的注意范围，增强个体的认知灵活性，从而使个体在解决问题时更加灵活、完整并有效地进行思考和判断。

现代医学认为，良好的情绪能够使有机体的生理机能处于最佳状态，使免疫系统发挥到最大效能，从而更好地阻碍疾病的入侵。许多医学家也认为，如果人体免疫系统很强，85% 的疾病都是可以自我控制的。情绪对身体健康的影响，在心理学领域内也得到了证实。有研究发现，人在激动时皮肤会潮红发热，在紧张或愤怒时皮肤会苍白冰冷。而愉快、喜悦等积极情绪可以促使伤口加快愈合，促进疾病痊愈。情绪被心理学家称为“健康的寒暑表”“生命的指挥棒”。

积极情绪对人是很重要的。如果把人比作汽车，积极情绪则相当于“油”。油就是汽车的动力源，汽车没有油就不能发动。同理，人要有能量、有动力、有激情地去做一些事，就需要有

“油”。这个“油”就是积极情绪。例如讲课时，如果我没有持有积极情绪，那么，自然不能把知识有效地传给观众。

如果积极情绪是一个人的动力，那我们的动力从哪里来呢？汽车没有油了，我们要去加油站，加油站没有油了，我们要去开采石油。那人的积极情绪，兴趣、热情、自豪、骄傲、满意，这些“油”都是从哪里来的呢？我们可以学习，学习可以产生积极情绪；我们可以做事，通过积极行为产生积极情绪；我们也可以助人，帮助他人也可以产生积极情绪。

四、爱国是一种高级需要

幸福到底是什么？在我看来，幸福就是有意义的快乐。有些事虽让人不舒服，但是对你来说有意义，就还是需要做。例如赡养老人，即便照顾得很好，也得不到老人的肯定，那该怎么办呢？当然还是要继续照顾的。因为这是有意义的事情，这是自己的责任与义务，也是我们良知的体现。当然也有一些事情虽会让我们很快乐，但它可能与我们的幸福追求背道而驰。那么这种事情还是不做为好。

马斯洛把人的需要分为五个层次。最低层次是生理需求，吃饭、喝水、性欲都属于生理需求；第二层次是安全需求，追求生活稳定，免遭痛苦都属于安全需求。对友谊、爱情的需求属于第三层次社交需求。追求成就、名声、地位是第四层次的尊重需求。最高层次的需求是自我实现的需求，针对于真善美至高人生境界获得的需求。

满足低级的需求，我们收获的是低级的幸福，满足高级的需求，我们收获到的是终极的幸福。随着社会的发展，会有越来越多的人转向高级的情感需求，这是毫无疑问的。

之前我发表了一篇文章《向孟浩然学安心之道》，主要研究初唐时期和中唐时期的社会知识分子，尤其是那些不做大官的知识分子，他们是怎样度过一生的？他们是怎么安心的。因为会有很多人在满足基本需要后，需要找到自己生命的意义。

我讲哀伤辅导这门课时，曾查阅资料，发现治疗抑郁症的方法有很多种，但是医生往往会用一种方式，就是让抑郁症患者去帮助他人。无论哪个流派，治疗师都会提倡患者到社会上去做志愿者，进而帮助他人。而且经过实践证明，这种方式对抑郁症患者的病情有明显的改善作用。为什么会这样呢？因为抑郁症患者在帮助他人的过程中，满足了自己的高级情感需求，这个高级情感需求体现了生命的价值感。

我认为现在青少年出现问题越来越多的原因，是因为大多数父母虽已实现生活富足，但思维模式上却还没有转型，还用原来的教育方法对待孩子，但其实原有的教育模式，已不适用这个时代了！那我们应该怎样教育孩子呢？我觉得未来的教育应更多让孩子幸福、快乐，并做自己。所以我们要激发孩子的高级情感需求。

从马斯洛的需求层次理论来看，爱国属于一种精神需求，是在自我实现的层面上。

马斯洛曾说过，“自我实现者无一例外都是献身于一项身外的事业，某种他们自身以外的东西。自我实现者一般都有献身的目标，都有崇拜、仰慕和热爱的对象”。上升到国家层面，如果要实现自我实现的高级需求，只有顺应历史发展的潮流，努力为时代发展而奋斗，才能成为社会上的有用之人，进而实现自己的价值。

在历史长河中，为人类发展做出重要贡献的自我实现者，都能把个人的自我实现与祖国的命运紧密联系在一起，他们都有崇高的爱国情操，他们的爱国举动让人深感敬佩。不管国家是繁荣昌盛，还是正遭受屈辱，中国人民对祖国的热爱之情是根深蒂固的。人们对祖国爱得越深，责任感就会越强烈，自我实现的动力也就越大。

低级需求满足后，自然会转向高级需求。社会发展到一定阶段，就需要更多“大我”的人，投身于国家建设与人民服务中。我们在做社会服务时，能否让社区居民从小我的情感需求满足转向大我的需求满足，这是我们要做的重要工作。

五、爱国是一种自我认同

把每个人的自我人格比作一栋房子，这栋房子要有梁，要有砖，要有地基，还要有钢筋混凝土。爱国在“自我”构成中充当着重要角色。如果没有这一部分，自我是不够完善的。

“我”不仅仅是独立的小我，也包含集体的大我。修身齐家治国平天下，国家是大我的概念，而修身则是小我的概念。任何一个自我，如果没有对民族和国家的认同感，那么这个“我”是不完整的。

没有完整的自我观，就没有完整的自我认同；没有完整的自我认同，就没有完整的自我确认感；没有自我确认感，就很难有目标和追求。

举一个例子，有一个女学员，我在教学过程中，发现她并不自信，做事总是犹犹豫豫的。她是一个将军的妻子，在部队里也从事心理学工作，她可以到连队实践，但是依然感觉没有资格感。她变成这样的原因，是因为小时候受过心理创伤，自我的部分没有构建完整，所以即便她现在有这样的地位，却依然不自信。

地位和自我认同感并不是完全画等号的。我做心理咨询时，遇到过很多来访者，穿着名牌衣服，开着名车，住着豪宅，但在他们内心里却还是有一种恐惧感、焦虑感。

心理学家阿德勒认为，人生来就有一种内驱力：要求高人一等的优越感，即出人头地。因此羡慕别人、胜过别人、征服别人等都是这种追求优越的人格体现。而自我认同是追求优越的精神支柱，没有自我认同的人，就算超越了很多人，他的内心也依然是迷茫的、自卑的。

从上文这个角度来说，爱国并不是国家的需要，而是为了我们自己。“国家兴亡，匹夫有责”，现在再来理解这句话，就不只是国家要求我们去冒险，去付出，而是我们有这个需要。建设新农村，不单只是村干部的责任，也是每一个村民的责任，大家要团结起来。

自我认同在形成的过程中，社会比较发挥着重要作用。我们会把他人眼中的我看成是真实的我，我们会根据他人的评价来形成自我概念。伴随着我们对自我认识程度的加深，我们不再依靠他人来进行自我判断，但是对自身重要的人的评价也还是会影响到我们的自我认同。

举个例子，我们常听到父母夸奖孩子，说孩子如果优秀，如何听话，这其实都是不断暗示：让孩子认为自己是有价值的，是被人喜欢的。父母的夸奖，老师的表扬，都是养成自我确认感中不可忽视的影响因素。

当然有时候我们也会不相信别人的评价，我们觉得自己没有他人说的那么好，感觉自己没有资格。

青少年如果没有价值感，没有意义感，没有目标的追求，将会有严重的后果。他们会在伤害家庭的同时伤害自己，因为家也是“我”的一部分。同样，国也是“我”的一部分，没有爱国之心的自我是不完整的。

六、如何践行爱国价值观

爱国是社会主义核心价值观中个人层面的首要目标，爱国可以满足我们的本能需求，爱国可以激发我们的积极情绪，爱国也是一种自我认同。培养我们的爱国心，需要做一些爱国的行为。

我们在基层进行爱国教育时，需要先让民众认同民族文化。通过认同，继而激发出对民族文化的自豪感。爱国一定是建立在民族文化认同基础上的，没有文化认同，没有民族认同，没有社会认同，爱国情感很难被激发出来。

例如，班主任在学校开一个有关爱国的体验式班会。首先可以在现场做爱国歌曲的呈现，爱国故事、先进人物的呈现。当学生有感动、热情、满意、自豪的时候，老师可以让学生选择其中一种积极情绪，然后用色彩把情绪描绘出来。我们不讲究逻辑，不比较绘画水平的高低，只是把这种绘画行为看作是情绪的艺术表达。之后请同学们相互交流自己的作品，感性表达后，请同学们为这幅绘画创造一个跟爱国有关的故事，这个故事要是真实生活中没有发生的，是凭借自己的思维想象出来的。

我们可以在学校里进行爱国情感的培育，在社区里也同样可以开展，比如我们可以组织居民到爱国基地参观，可以集体进行升旗仪式。

参考文献

[1] 李雅兴，爱国：毛泽东社会主义核心价值观的基础 [J]. 湖南社会科学，2015(02):1-7.

[2] 李放晓．爱国：践行社会主义核心价值观的内在诉求 [J]. 理论界，2013(11):44-46.

[3] 李基礼．新时代坚持爱国主义的若干思考 [J]. 思想理论教育刊，2019(10):68-72.

[4] 王永泉．新时代要大力弘扬爱国主义精神 [N]. 通辽日报，2019-10-15(03).

[5] 张小枝，王泽应．习近平新时代爱国主义及其理论贡献 [J]. 上海师范大学学报（哲学社会科学版），2018,47(03):55-65.

[6] 郭小艳，王振宏．积极情绪的概念、功能与意义 [J]. 心理科学进展，2007(05).

[7] 周毅．爱国主义与自我实现 [J]. 雁北师范学院学报，1999(02):1-6.

第九章
公正：培养公正的心态

“公正”与“自由、平等、法治”一起构成社会主义核心价值观社会层面的目标。“公正”不仅是社会层面中的价值取向，亦是实现共享发展、共同富裕的基本要求。探究“公正”的深层内涵，是深刻认识与有效践行社会主义核心价值观的必然要求。

一、公正的解读

“公正”价值观的重心是“分配公正”。“公正”包含分配领域的公正、制度的公正以及个体发展中的机会均等。当今社会，人们通常以金钱分配的合理与否来判断一个社会公正的程度。从这个角度来说，“分配公正”就构成了社会公正的根本内涵。当前我们实行以按劳分配为主体，多种分配方式并存的分配制度，以期在公有制的基础上实现“共同富裕”的目标。这种分配制度极大调动了人们的生产积极性，同时也增强了民众的价值认同感。当然随着改革开放的深入，出现人们收入差距越来越大的问题，但是国家也在不断消除两极分化，改善分配不公平的现象。

“公正”的最终目的是实现人的自由全面发展。公正主要包含了两个主要原则：一是每个社会成员都平等享有权利；二是社会经济政治制度能够合理保障每个社会成员享有广泛的平等与自由。人类历史的发展，从一定意义上来说，是人们追求“公正”的价值理想，进而实现人的全面发展。马克思在《资本论》中进一步指出，未来社会将以每个人自由全面的发展为基本原则。因此，我们可以这样理解公平：实现社会的公正有序发展，从而最终实现每个社会成员的自由与全面发展。

“自由、平等、公正、法治”作为社会主义核心价值观社会层面的价值取向，并不是孤立存在的，而是相互联系、有机统一的整体。公正是社会主义价值取向的核心理念，法律与道德的实施都应从公正的角度出发，来维护社会的安定和谐。自由即实现人的自由全面发展，是社会主义的价值理想，公正为人的自由全面发展提供了前提条件。平等要求社会提供机会均等的平台，而公正保证平等的实现。公正既要保证每人平等享有权利，还要尊重个体差异性选择的自由。法治是社会稳定发展的重要保障，也是实现社会公正的有力保证。

二、公正的环境会造就平和的心态

社会秩序的背后是社会心态，公正的环境会造就平和的心态。

“心态”是决定人们思维模式和行为方式的一种心理状态或态度。社会心态是在一定的社会发展时期内，社会或社会群体中出现的社会心境状态。这里解释一下什么是心境，心境是指一种微弱、平静而持久的情绪状态，也可以理解为心情，心情会影响我们的生活与工作，如心情愉悦，工作效率会提高，心情烦躁，工作效率会降低。

社会心态反映了特定环境中人们的某种利益诉求，这种利益诉求决定着人们的思维和行为模式，进而影响人们的生活与工作。从长远来看，消极的社会心态制约着社会发展的速度和进程。

改革开放过程中不断涌现出新问题，特别是一些直接涉及人们公平感的问题，例如城乡收入差距大、东西部收入差异大、高低收入群体差异悬殊等问题。这些矛盾问题会导致社会心态变得浮躁、消极，使人们感受不到公平。另外，城市就业压力大、房价过高、经济发展同生态环境保护的矛盾加剧，也在一定程度上增加了人们的焦虑与无助，甚至出现了信任危机。

党的十八大报告提出，要注重人文关怀和心理疏导，培育自尊自信、理性平和、积极向上的社会心态。党的十九大报告中更是强调加强社会心理服务体系建设，培育自尊自信、理性平和、积极向上的社会心态。

社会建设是各国在实现现代化过程中普遍面临的问题，其中社会心态的引导与培育是社会建设的重中之重。理性平和的心态，来自公正的社会环境。党的十八大以来，习近平总书记一直强调要积极回应人民群众对公平正义问题的关注和期待，要努力让人民群众感受到社会的公平正义。社会心态表达的正是社会民意，它体现了人民的心声。

虽然影响社会心态的因素有很多，但社会环境是否公平正义是让人民感受公平的社会心理基础。在社会心理不适应、社会心态不正常的情况下，人们普遍渴望社会公正，渴望自己的价值得到社会的认可，渴望从社会中得到公正的待遇。

三、社会心态是社会治理的隐性基础

社会心态是社会治理的隐性基础。隐性基础就是平时不显山也不露水，而一旦有重大的社会变革，这些力量就会聚集起来，带来很大的变动。虽然我们现在的集体心态水平还没有到“病毒感染”这个阶段，但也不是那么乐观，还需要进一步的提升积极心态。

正如前文所提，理性平和的心态，来自公正的社会环境。而除了公正的环境外，还有一个重要的影响因素，就是对大众积极心态的教育。现在的生活较过去已经好了很多，可有些人却没有感恩之心。其实这就是心态出了问题。

我们不能说所有的社会矛盾和心理问题的出现，都是心态导致的，因为一些不公正的社会现象的出现，的确会影响大众的公正心态。

一个人被公平对待了，但并没有觉得是公平的，仍然觉得自己吃亏了，这就是没有公正心态的表现。丈夫把所有的钱都给了妻子，并且对妻子无微不至，但妻子总觉得自己是吃亏的，并觉得自己不幸福，这就是心态问题。还有些人一听说别人过得不好，就幸灾乐祸；一听说别人过得好，就诚惶诚恐。这也是心态问题。

随着社会的发展和进步，民众的积极心态应该更多，但事实却没有，主要是我们对民众的心态教育不够。在我看来，意识形态的教育应更多侧重对积极心态的提升。

在社会服务中，我们需要通过各种方法来激发民众的积极心态，让民众产生自豪感，产生兴趣，产生好奇心。每个基层干部、基层社区都可以围绕积极心态建设做工作，开展各种各样有关心态建设的活动，可以从心理学的角度切入，从社会心理学的角度开展心态建设。我们可以从下而上的进行心态提升，当基层的根须扎牢了，上层的大树自然会枝繁叶茂。

我做社会主义核心价值观这个主题，就是希望能通过我的思想影响一批人。如果基层干部能看到此书并受到启发，也许会组织起相关活动，引导民众积极向上，对他人和谐、信任、真诚。这样的活动做多了之后，会慢慢地提升民众的积极心态。

“自尊自信，理性平和，积极向上”这是十九大报告中习近平总书记强调的社会心态。良好的社会心态可以促使民众对社会现实有更理性、冷静的认识。有了积极的心态，即使生活中发生了不好的事情，人们也会往积极的方向思考，这样实际上是提升了民众的社会心理承受力。

社会管理的高效与否，取决于社会成员是否具有良好的社会心态。民众心态越积极，越有公共精神，越会维护现有的制度。心态越消极，则很容易出现违反公共精神，破坏公共财产的现象。

四、公正意识需要加强

作为价值理念，“公正”属于意识形态范畴。马克思历史唯物主义认为：社会意识对社会存在具有能动作用，先进的社会意识会促进社会的发展。“公正”理念属于先进的社会意识范畴，培育公民“公正”意识有助于社会公正目标的实现。

公正意识是指社会大众对公正及其价值的内在体会、认知以及追求，是大众在社会实践中形成的对公正的认知、行为和评价。近年来不管是高校还是大众媒体，虽然在公正意识的培养上已经多有倾斜，但是力度还明显不够。

现在的大学生群体，他们可能会成为未来社会制度的制定者，也可能成为未来社会权力的代理者。他们的社会公正意识如何将直接影响社会制度的公正与完善。有学者围绕大学生群体对公正意识展开了调查，结果发现大学生对社会公正的认识还比较模糊。49%的大学生认为社会上有公正意识的人较少，但是当问到社会公正的特征时，54.7% 的大学生选择了不清楚。另外，大学生公正行为的情与理冲突明显，84.1% 的大学生会选择他人或集体的利益至上，但是看到旁人受到不公正待遇时，53.8% 的大学生只会“发发牢骚”，即使班级的评优评先不公正，可近一半学生不会维护自己的正当权益，只会向亲人朋友倾诉。

在生活中，拥有“受害者心态”的人也不计其数。受害者心态是一种认为“自己是受害者”的想法，认为自己在生活中处处遭受着不公平对待，而自己对此却无力控制。在这样的心态下，你会认为自己很可怜，好像整个世界都在反对你，每个人都对你不够好，觉得自己时时陷在困境与被伤害中，时时感叹命运不公，怀才不遇。

那些经常上访的人，有一部分属于抱怨型的受害者心态，他们觉得自己被不公平对待，进而不停地告发别人，争取自己的利益。还有一类人，他们会采用比较激进的方式，如不遵守交通规则、破坏公共财物等，“反正大家都不好过”就是他们的心声，这类人很大程度上也是受害者心态在作祟。

不管是“激进型”，还是“抱怨型”，都属于消极心理，消极心理多了，疾病就很容易入侵，如高血压、冠心病、心绞痛、这些也可以算作是身心疾病。钟南山院士曾说：“疾病的一半是心理疾病，健康的一半是心理健康”。心态不好很容易导致心理疾病。

过去的心理学主要以问题为导向，解决人的心理疾病。现代社会所需要的心理学，不仅仅是治疗心理疾病，还需要培育大众的积极心态。所以现阶段，需要有一部分投入心理学的人从事社会积极心态的建设工作，从问题模式转向社会心理服务与社会建设。我现在的状态是要往社会心理服务方向转，我想培训一大批志愿者去进行社会心理服务。

很多人不理解，为什么我的心理咨询、心理教育做得好好的，现在却做社会服务了呢？就这个机会，我给大家解释一下，现在社会所处的阶段，心理学需要更围绕社会问题的预防与解决，以及人民群众幸福感的提升去做工作，而不是只盯着有心理疾病的人。

现阶段，作为执行者，有没有能力可以毫无私心地去处理一些涉及自己利益的事情，这是需要心理资本的支撑的；作为普通大众，是否相信执行者，相信那个人是公正的，这也需要心理资本。只有双方都具备这样的心理素质，才有可能实现公正。

五、公正心态的培养措施

如何让人们感觉到公平？培养公正心态是一个大工程，需要从国家制度层面、社会环境层面和个人积极心态方面下功夫。

国家制度层面，推进科学合理的制度体系建设。制度是人们行为遵循的规则。客观公正、科学合理的制度体系能够最大限度增加社会的和谐，是维护社会公平正义的重要保证。因此要完善国家的民主制度，确保公民平等地行使民主权利，完善社会保障制度，协调群体之间的利益关系，努力营造公正的社会环境，保证人民平等参与、平等发展的权利。

社会环境层面，形成良好的社会公正氛围。其一，加强公正教育。党的十七大提出：加强公民意识教育，树立公平正义的理念。

因此，践行“公正”的核心价值观，需要将公正教育落实到教学过程和教学管理服务的每个环节，夯实社会主义的思想道德基础。其二，需要发挥大众传媒对“公正”理念的宣传作用，通过报纸、杂志、影视作品、网络等途径及时发布涉及公众利益的重要信息，正确把握舆论导向，向社会传递“公正”价值观，不断优化社会风气，促进社会主义和谐发展。

个人层面，就是要培育自己的公正心态。这也是我想给大家重点分享的。培养广大民众的积极心态，可以从心理学入手，不要让民众认为自己在被教育，而是要让他们觉得这个制度的确很好，的确会让他们觉得幸福快乐。

在我看来，培养积极心态，可以在以下四个层面下功夫：一是正确认识自己，二是具备客观的能力，三是具有分享的能力，四是培养个体的积极情绪。

1. 正确认识自己

心态不好，可能是对自己没有明确的判断，没有准确的认知。我曾做过一个活动，活动对象主要是那些觉得婚姻不幸福并且有抑郁倾向的人群（女性居多）。我组织大家围坐成一个大圆圈，让每个人分享自己的苦难。中间空出来的地方放一张他们伴侣的图像，如果他们在诉说自己的烦恼时，讲到对伴侣不满意的地方，就可以直接拿番茄朝伴侣的画像砸去。活动结束后，有的人减少了抑郁和自杀倾向，因为她们不仅宣泄了情绪，还在人群中找到了同病相怜的人。

对于心态不好的人，需要让其多出来走动，参加一些团体活动。让他不再陷入自己的世界里，这样他就不会总是闭塞自己，并与自己较真。那些整天在家里胡思乱想的人，很少会与别人沟通，时间长了就容易形成偏执型人格障碍、反社会人格障碍，最后还有可能变成表演型人格障碍。你根本不知道他讲的是真的还是假的，这就很麻烦了。

2. 具备客观的能力

培养公正心态，需要个体具备客观的能力，客观地看待事物的发展和规律。例如说一个家庭，小儿子结婚时父亲置办了很多东西，大儿子听说后就回来跟父亲吵架，埋怨父亲偏心，认为自己结婚时父亲并没有准备这些，并说出以后不会赡养父亲。大儿子觉得没有被公平对待，其实是他忽视了一个事实，那就是没有站在具体的时间背景下。大儿子结婚是十多年前的事了，在这些年里，国家 GDP 在增长，家庭收入在增长，因此父亲给小儿子结婚的花费自然也就高了。这些都是大儿子没有考虑到的。这就是没有客观的能力，没有做到与时俱进。

客观的能力中还包含着比较的能力。有一类人把幸福主要建立在别人比他差的基础上。例如有一个男生，他在中学时总是考第一名，他认为自己是最幸福的。结果到了大学之后，他却自杀了。因为他发现其他同学都比他优秀，考试成绩都比他高，他认为自己没有被老师公平对待，可又改变不了这种局面，于是他很是压抑，最终选择了自杀。像这类人，一直在某方面生活在最顶层，从来没有下来过，一旦被比下去了，就会心有不甘。如果一个人具备了客观的能力，知道“山外有山，人外有人”的现实，他就会胜不骄败不馁，会在处于下风时奋勇直追。也就是说，他具备一种心理抗压能力。

3. 分享的能力

公正是需要具有分享的能力的。例如有两个梨，两个小朋友都想吃。其中一个孩子个子高，身体壮，一下子抢走了两个，而体格偏瘦的孩子一个也没有吃到。老师看到这情形，就知道体格偏壮的孩子没有意识到要分享。可老师如果直接批评或者给他讲“你要会分享”之类的话，这个孩子一定是不懂的，因为他不理解为什么要分享，为什么要公正。

但是如果老师进行这样的引导：现在这两个梨在我这，谁能追上我，我就把梨给他吃。如果体格偏瘦的孩子追上了，两个梨就都是他的了。体格偏壮的孩子此时就会明白不能以自己的优势霸占所有的东西，一定要相互分享。

如果一个人不具备分享的能力，那么他是很难公正的。也可以这样理解，没有公正能力的人，一般也是不具备分享能力的。你分享给了他人，他人也会分享给你，资源或物质的平等交换会让人产生公正的感觉。

4. 积极情绪的培养

公正是需要培养个体的积极情绪的。对自己满意度高的人，他会认为社会是公正的。而越是不满意自己的人，就越会表现出对他人不满意，会认为他人都对我不好。

我们要培养个体的满意感，可以在小区组织活动，让参加活动的人写一个故事，故事是他人生中比较满意的一件事情。写完之后，每个人讲述自己的故事。虽然这个活动看起来很简单，但是能调动积极情绪，如满意感、自豪感，都是很明显的。

人如果具有了热情，就会看到希望，就不会产生被亏待的心态。例如，我认为我有一身力气，我就能养活我的一家老小；我凭着勤奋工作，就能赚到钱，有好的前程。

总之，实现公正，我认为务虚和务实要更多地结合，虽然我们不断地说，每个人都是被公平对待的，但是可能并没有切实体会到。没有体会到，对人们来说就是虚的。同样，有些务虚的工作，虽然看起来我们做到了，但并没有做好。其实你只需再真诚一点，务虚就会变成务实。

参考文献

[1] 许苏庭 . 社会主义核心价值观中的公正理念及其实现 [J]. 传承 ,2015(02):58-60.

[2] 段妍 . 社会主义核心价值观中“公正”真谛及其实现路径 [J]. 思想理论教育导刊 ,2016,208(04):85-89.

[3] 于游 . 社会主义核心价值观中“公正”问题探究 [D]. 长春 : 东北师范大学 ,2016.

[4] 夏晶 . 社会主义核心价值观“公正”内涵探析 [D]. 长春 : 东北师范大学 ,2019.

[5] 李静 , 何云峰 , 冯显诚 . 论社会心态的本质、表现形式及其作用 [J]. 华东理工大学学报 (社会科学版),2003,18(04):39-45.

[6] 刘东 , 丁青 . 促进社会公平正义与健康社会心态培育 [J]. 前线 ,2015(03):36-38.

[7] 代冠秀 . 当代大学生的社会公正意识及其培养 [J]. 赤峰学院学报 (哲学社会科学版),2011(10):74-76.

第十章
法治：自觉的能力

法治是政治文明发展到一定历史阶段的标准，是各国人民的向往和追求。党的十八大把“法治”提升到社会主义核心价值观的高度。法治不仅仅是一种治国方略，也是一套成熟的价值思想体系。

一、法治的解读

提到“法治”，相信大家肯定会想到“依法治国”四个大字。的确，两者有很多相似之处。为了保障人民民主，必须加强社会主义法治建设，这也是我国人民的历史选择和实践总结。为此，党的十五大把“依法治国，建设社会主义法治国家”确立为党领导人民治理国家的基本方略，并随之以宪法的形式确定下来。但“法制”到“法治”绝不是文字的简单变化，法律面前，人人平等，谁也不能凌驾于法律之上。这意味着我国已不再拘于形式上的法律制度设计，更呼吁实质意义上的法治价值追求。

追求法治是一个长期的、渐进的过程，一定要与本国的政治、经济、文化等国情相结合。社会主义核心价值观中的“法治”就是党的领导、人民当家做主和依法治国的有机统一。法治是党在新时期的一种执政方式。具体表现为依法执政，不允许有法外特权，同时法治也是人民当家做主的制度化与法律化的体现，是人民参政议政、实现民主的具体途径和形式。

另外，“法治”也是“依法治国”和“以德治国”的有机结合。儒家文化历来注重道德教化，而实际上德治和法治并不相互排斥，法治属于政治文明，德治属于精神文明，两者互为补充，共同发挥作用。法治不能取代德治的作用，两者的有机结合，表明我党在法治思想上的创新与发展。

法治作为社会层面的核心价值观内容，与自由、平等、公正共同构成了社会价值追求。他们既有独自的内涵，又是相互联系的统一体，其中法治是实现自由、平等、公正的可靠保证。没有法治做保证，是不可能建成富强、民主、文明、和谐的中国特色社会主义现代化国家的；同样没有法治做依托，爱国、敬业、诚信、友善这些个人层面的价值追求也会偏离正轨。

二、违法的原因

介绍完法治的内涵，可能很多人会觉得疑惑：法治是国家政策的范畴，是党和政府的执政方式，心理学在法治领域内也能发挥作用吗？在我看来，只要有人的地方，心理学都是可以发挥作用的，只不过侧重点不同而已。

现在青少年违法案件比较多，有很多学者从不同方面对青少年犯罪原因展开调查。

如河北省社会科学院法学研究所人员认为，诱发青少年违法犯罪的社会原因有很多，既有社会的腐败现象，又有大众媒介不良内容的传播等。但这些社会原因并不能直接致使青少年犯罪，因为个体的内在因素起到关键作用。这种内在因素可以概括为两方面：一是内驱动力，二是自我控制力。如个体精神空虚，身心发育不正常，自我控制力出现缺陷，就会经受不住内外诱因和冲动的压力，从而发生犯罪行为。相反，如果个体的身心发育正常，个体内部自控力系统健全，就不会发生犯罪行为。

青少年违法犯罪的原因与青少年的法制观念淡薄，社会经验缺乏有关，也和青少年心理生理发育不成熟，容易冲动，自制力差有直接关系。

通过研究者的分析概述，我们可以得出，青少年违法犯罪的内在因素在其犯罪行为中起着主导作用，如果青少年法律意识薄弱，自制力差，身心发育不健全，就可能导致犯罪事件的发生。

成年人也同样存在法治观念淡薄的情况。有研究者发现，行政人员的法治观念淡薄主要表现在三个方面：一，法治民主观念淡薄，在执法过程中以自身利益、个人偏好为导向；二，法治追究观念淡薄，存在侥幸心理和冒险心理；三，对社会和群众的责任感淡漠，导致对立法、执法、司法的整体责任感淡漠。

我们可以看出，法律意识淡薄、自制力差是违法犯罪的两大推手。法律意识淡薄，说明我们法制普及不够，法治精神没有传达到位。而自制力差，明知道这样做是违法的，却控制不住自己，这就是心理素质不够造成的。

党的十九大报告提出，健全自治、法治、德治相结合的乡村治理体系。法治和德治我们不再多说，依法治国和以德治国就是最好的阐述。自治主要是通过关于“我是谁”“我与家庭、他人、自然”关系的把控，以及村民自我修养的培养，进行“自我管理、自我服务、自我教育、自我监督”的全面自由发展的自我治理过程。

虽然自治主要是应用于乡村治理，但是在很多领域内，我们都是可以贯彻这种治理体系的。如上文所说，违法犯罪的内因之一是自制力差，而自制力属于自我管理的范畴。如何在法治的基础上进行自治，进行自我约束和管理，这是心理学可以探讨的方向。

三、盲从现象的出现

社会中有这样一群人，他们并没有犯什么伤天害理的罪行，只是图一些小便宜，或是盲目从众，却能导致社会群体的混乱。

就拿网络暴力来说，起初由一个匿名网友来污蔑他人，之后可能会有一群人加入进来，发布恶意诋毁的评论，随之可能会涌现一大批“键盘侠”。这些人有一致的心理诉求，他们情绪高昂，躁动不安，即使他们互不认识，也可以凭借一股盲目且难以控制的群体力量在放纵和暴力的行为中表达他们的梦想、情感和欲望。

2006年，江西某考生在高考作文中抄袭他人作品《桃花源祭》，被评为“高考满分作文”“高考优秀作文”。原文作者在天涯杂谈里将此事公之于众。但一些网友并没有对考生的抄袭进行指责，反而是讨伐原作者，“一混迹文坛数十年的老江湖，何必这样较真儿呢，不要因为一篇文章毁掉了一个年轻人的前途！到时候弄成‘一篇文章引发的血案’就不好了”。“考生有权引用任何文章，只要阅卷的老师不知道是引用的就行了，你这维的什么权！”近几年，有关小说抄袭事件也有很多，但是很多人都是睁一只眼闭一只眼。有关著作权、信息网络传播权的法律法规并没有得到有效发挥。

再如，鲁迅笔下的“雷峰塔倒塌事件”。老百姓听说雷峰塔的砖块可以“辟邪”，于是偷偷挖雷峰塔的砖头，你一块，我一块，纷纷搬回家。最终，雷峰塔就是在这种“集体无意识犯罪”的行为下，轰然倒塌。这种思维的普遍性，其实在很多人身上都有体现，只要有钻空子的机会，他们就会不择手段地捞取最大利益，并不觉得是可耻的，甚至认为是应当的。

类似的因没有法治精神，因自己的一点小利而破坏社会秩序的事件还有很多，如“安利退货”“老人死去，子女冒领退休金”“假离婚骗房子”等。这些事件多了之后，不禁让我们反思：不能单靠国家的制度，解决所有问题。我们还需要懂的人心与人性。

有学者研究发现，网络舆论中的盲从群攻事件是由于个体为了对抗现代社会发展带来的焦虑与孤独而采取的非理性行为。美国心理学家罗洛·梅认为，焦虑之所以产生是因为人的存在感及基本价值受到了威胁，人们不能按照自己的意愿生存，从而感受到绝望与孤独。这种由焦虑引起的非理性冲动进而打破了既有的社会规范，造成了道德上的失真。如通过在网络上“群起而攻之”的快感既满足了大家与我同在，也感受到了自我的存在价值。

盲从除了与个体的焦虑有关外，互联网时代下个体意识形态的多元化也起着重要作用。法国心理学家勒庞认为，人主要是按照自己的信仰以及由信仰带来的习俗行事的，也正是这些信仰和习俗制约着我们，且我们也无法摆脱它的影响。纵观众多群氓现象，其中价值观冲突的不在少数，如考生抄袭事件、案例退货事件、假离婚骗房事件都是由于受个人利益的驱使。他们认为自己的信仰是正确的，且也有责任指出他人的错误，并把他人从罪恶中解救出来。正是由于这种自以为是、简单粗暴的非理性行为，导致了盲从事件的频繁出现。

四、法治与自觉

如前文所述，违法事件的出现，既与人们的法律意识薄弱有关，也与人们的自制力差有关。而舆论暴力的出现，正是对法治精神的一种践踏。建设人民当家做主的和谐社会，虽然需要法治的保证，但也离不开人们的道德品质。

法治社会的一个重要特点就是法律被普遍遵守，且法律的遵守不是建立在强迫的基础上。更多的是要依靠人们的自觉，依赖人们优良的道德品质。只有在人们道德水平高的基础上，人们对法律有了正确的理解并且自觉遵守，法治国家才有可能建立。换句话说，在一个由道德沦丧的人组成的社会里，是很难建立法治国家的。

老子认为，一切争端的缘由无非是民众之间的尔虞我诈，争名夺利使然，而要解决这些争端的方法，就要从根本上让民风淳朴，无私无欲，诚实可信。从这个角度来说，法制社会需要的最根本的心理能力、心理品质就是自觉。当社会中的每一个人都自觉了，就较少会进入刑罚的这个层面。我们应该自觉约束自己，自己管理自己，自己认识自己。

自我控制是积极心理学家提出的获得幸福的 24 个优势之一。自我控制是指在某些情况下，人们能够控制住自己的情绪、欲望、需求和冲动。但是只知道节制还不够，还需要能做出克服欲望的行动。

能自我控制的人，容易获得幸福的人生。斯坦福大学心理学家米歇尔曾做过一个考验儿童意志力的实验，是心理学界比较有名的棉花糖实验。在实验中，孩子有两种选择：一个是立刻获得一个棉花糖；另一个是独自等待 20 分钟后，获得两颗棉花糖。根据后期的跟踪发现，那些在实验中选择延迟满足的孩子，进入青春期后更有竞争力，他们拥有较好的学习成绩，成人后具有更高的学历和社交能力。

自我控制对孩子很重要，同样对成年人也是不可或缺的。有学者研究自我控制对幸福感的影响。发现，作为人格特征的自我控制，其控制能力越高，就能更好地管理自己的生活，从而实现正性情绪的增加和负性情绪的减少，进而提高自己的生活满意度，上升主观幸福感。但过度自我控制，追求满意度最大化的人，对快乐程度、乐观程度、主观幸福感等方面有明显的负面影响。

自我控制在幸福人生的追求中发挥着重要作用。在法治社会的建设中，民众也要充分发挥自觉的能力，遵法守法。

五、法的三个层次

法可以分为三个层次：法律、人法与道法。这种分类标准主要依据道家的思想。

法律是保证社会秩序正常运转的重要保障，没有法律，就无法有效地惩恶扬善，纠正和规范人们的行为。如果实行暴政，严苛峻法，则会激起民众的叛乱。如果人们在生活中饱受重税、徭役与剥削，就会不顾一切铤而走险，历史上很多起兵反抗的事件都是因为这个原因。

在奴隶社会和封建社会，法律大多是为了维护当权者的利益。此时的法律对于统治者来说，它是合法的。但是却违背了人性规律，违背了大多数人的利益，违背了天下的道，所以同时又是不合法的。

现在我们是人民当家做主的国家，我们制定的法律是为了维护大多数人民的共同利益，法律是建立在人文精神、人性伦理的基础上的。人性其实是很复杂的，生活中没有绝对的好人，也没有绝对的坏人。但法律可以在其中起到引导和制约的作用，保护和弘扬人性中的善，打击和制裁人性中的恶。

所以第一层次的法就是我们用的法律，这是道德的最低限。如果有人违反了，就会受到法律的制裁。但法律并不是一成不变的，随着社会的发展，制度的更替，法律也要随之进行更新。不过由于社会发展过快，人们之间的竞争日益激烈，钻法律空子的不良事件也是花样百出，法律的更新速度在一定程度上就显得滞后了，这时候就要用人法来约束了。

《老子》中有这样一句话：天网恢恢，疏而不失。意思是说，天道公平，作恶就要受到惩罚。它看起来似乎很不周密，但最终不会放过一个坏人。除了刑法外，社会中还有人心这一道法。天地之间有杆秤，那秤砣是每个人心中都有的按照人情世故，按照人性的规律制定出来的法。

现在是民主社会，法律和人心与人性是不冲突的。不过即便是这样，人民心中仍需有自己的一杆秤。因为这杆“秤”的隐蔽性与主观性，很多人不清楚这杆秤的存在。如果大家都忽视了这杆秤的存在，就有可能被有心之人利用，做出违背伦理或法律之事。

国家要保障法制的尊严和实施，就需要人民拥有法治的心理资本。如果老百姓没有法治的心理资本，即便这个法律是公平的，是符合人性规律的，也会有一些人不认同。

刑法的顺利实施，就需要在人法上下功夫，让民众对法制有正确的认识，对自己的情绪情感，对人情世故有正确的了解，这样他才不会被一些不良势力所利用。

第三个层次是道法，自然法是一种理性法。“自”是自己，“然”是本来的样子，“自然”就是“自己本来的样子”。自然是道德最佳状态和最高境界。在老子看来，人类除了按照人定法则之外，还存在着一种来源于自然的法则，这种法则无时不在，无处不有，主宰和支配着世间的一切事物生生不息，循环往复。统治者要保持自己的统治，让世界和谐有序地运转，就必须“惟道是从”。

宇宙万事万物都生于道，其死生成败都是由道决定的。当然人心也不例外。说得通俗一点，道法既是自然的规律，也是人心的规律。道法是我们最终要追求的，天人合一就是道法自然，道法自然就是与大自然同行，与时间同行。

如果一个规则既违反人情世故，又违反大自然的道，那么就很难实施下去。即便实施下去，也会是严刑酷法，引起民众激烈反抗。而如果人们对大自然的规律没有敬畏，但对自己的内心有足够了解，那么也无法遵守法律，还可能被有心之人利用。

所以，我们讲依法治国，首要就是不去踩法律的这条红线，另外还需提高到第二层次，就是我们心里的那杆秤。如果人民都注重人法，社会将更加和谐，这就涉及遵守法律所具备的心理资本——自觉。每个人都有内在的自觉，可以自我约束，进而追求道法这个最高水平。但是如果只看到道法，看不到心法，那就会触碰刑法。

六、法治价值观的培育与践行

法治价值观的培育与践行，需要充分调动大家的主观能动性，需要我们每个人，自觉遵法与守法。我们可以从以下方面进行努力：

首先，要领会自身的法治信仰对培育和践行社会主义核心价值观的意义。有研究表明，部分个体并没有真正领会自身的法治信仰对践行社会主义核心价值观的重要性，他们并不想提升自己的法治素养。因此需要相关人员对此进行法治的宣传与教育，提高大众的普法意识。

其次，需要认真学习法律知识，理性看待法治社会。我们不仅要懂法，还要守法，而懂法守法的前提是具备一定的法律知识储备。现在的学校教育对法律知识的传播并不是很到位，有些学校甚至没有法治的课堂教育。所以，我们可以多借助互联网媒体获取与日常工作和生活相关的法律知识，自觉接受法律的熏陶，提高自身法治素养。

作为和平时代的公民，我们不能违背法律，不能越过那条红线。我们还需知道哪些事是可为的，哪些事是不可为的。怎样使自己成为一个懂法、守法、知法、有办法的人。大家可以把要做的事情一一罗列出来，然后根据自己的方法一一做出行动，提高知法守法的能力。

要努力克服自身思想认知和行为上的缺点，养成崇尚法治的理念。现在社会，大多数人的自我意识比较强烈，集体意识比较淡薄，这就导致一些人在思维和行为上会以自我为中心，严重者甚至走上犯罪分子的道路。这就要求我们需认识自身思想的弱点，增强社会责任感与包容度，在日常生活中注重以法的角度分析问题，及时纠正日常行为的偏差。只有从法的角度认识社会，以理性思维去处理自我与他人的关系，才能真正体验到法治的价值。

总之，不管你有怎样的信仰，有怎样的价值观念，有怎样的喜怒哀乐，都要在一定的社会制度下，去遵守法律法规。

参考文献

[1] 叶承芳 . 社会主义核心价值观内容解读之“法治”[J]. 思想政治教育研究 ,2015(01):58-60.

[2] 戴津伟 .“法治”作为社会主义核心价值的修辞学解读 [J]. 法律方法 ,2015(02):247-257.

[3] 陈金钊 . 对法治作为社会主义核心价值观的诠释 [J]. 法律科学 (西北政法大学学报),2015,33(02):3-17.

[4] 刘文月．社会主义核心价值观视域中的加强大学生法治信仰培育研究[D]. 天津：天津师范大学，2014.

[5] 薛静，董颖，刘淑娟．当前青少年违法犯罪特征、原因及对策[J]. 河北公安警察职业学院学报，2001,1(02).

[6] 王永茂．试析青少年违法犯罪的原因[J]. 山西青年职业学院学报，2002(02).

[7] 陈华．行政执法中违法违纪问题产生原因探析[J]. 陕西教育学院学报，2010,26(01):91-94.

[8] 李萍．浅析网络舆论中的群氓现象[J]. 东南传播，2008-(10):54-55.

[9] 严存生．法治社会中的"法律上的人"的哲理思考：读拉德布鲁赫《法律上的人》有感[J]. 华东政法大学学报，2004(06):98-105.

[10] 杨惠梅．老子法律思想探微[J]. 长春理工大学学报（综合版），2006(04):28-30.

[11] 赵小华，郑毓煌．自我控制就一定幸福吗：自我控制对幸福感的影响研究[J]. 营销科学学报，2017(01).

第十一章
敬业：干一行爱一行的能力

“爱国、敬业、诚信、友善”是社会主义核心价值观个人层面的价值准则。“敬业”作为第二个价值目标，也是最基础、最具体的行为准则。

一、敬业的解读

敬业是对公民职业行为准则的价值评价，要求公民忠于职守，克己奉公，服务人民，服务社会，充分体现了社会主义职业精神。敬业价值观主要由以下四个层次构成。

第一个层次的敬业就是敬重自己所从事的职业，认同自己所从事的职业，热爱自己所从事的职业，这是敬业价值观最基本的内容。这个层面要求从业者干一行爱一行，不能身在曹营心在汉。这也是从业者对自己所从事的职业的态度和情感体现。

第二个层次的敬业就是尽职尽责，要求从业者爱一行钻一行，恪尽职守、精益求精地做好自己的工作，这是强调从业者的责任。责任心是敬业最大的内驱力，从业者有了责任心，无论从事哪个职业，都会尽自己所能把工作做好。

第三个层次的敬业要求从业者开拓创新，有创业精神，不需墨守成规。创新是职业发展的力量源泉。以创新精神从事自己的工作，能展示自己的潜力，实现自我的人生价值。

第四个层次的敬业也是敬业价值观的最高要求，它要求从业者把职业作为生命信仰，有为人民工作、为大众谋幸福的奉献精神。敬业最深层的动力是从业者的内心信仰，只有把职业作为生命信仰，把事业化为生命的内在要求，才能实现职业与人生的合一，才能通过工作成就人生的价值追求。敬业这个层面的内容提倡的是人生自我价值与社会价值的统一。

敬业，是社会主义职业道德的重要内容，是人们职业道德应该遵循的基本规范。敬业从职业道德提升为社会主义核心价值观的依据，是人们比较关注的问题。

其实，敬业从职业道德提升为社会主义核心价值观，不是主观的、任意规定的，而是深深根植于中华民族的建设与改革中。远有“宁可少活二十年，也要拿下大油田”的“铁人精神”、献身科技事业的“两弹一星”精神等，近有全国各地出现的“最美司机”“最美医生”“最美教师”等，这体现的都是奉献精神。回顾新中国的成立、建设与改革的过程，我们可以清楚地看到，敬业精神根植于中国革命的实践中，成为新中国建设、改革取得胜利的重要保证。今天我们要实现中国梦，仍然需要敬业精神的引领。

现阶段敬业精神的缺乏需要敬业精神的引领。改革开放以来，涌现了一批敬业的模范人物，但是我们也应看到，受市场经济的负面影响，有不少人的敬业精神严重缺失。有些人产生了“学得好不如嫁得好”“宁愿在宝马中哭，不愿坐在自行车上笑”等不劳而获的错误思想。“前途钱途，有钱就图”“钱多多干，钱少少干，没钱不干”也成为一些人的人生信条。这些害怕艰苦、不敬业的现象，严重影响了人生目标和社会主义建设目标的实现。

“敬业”作为社会主义核心价值观个人层面的第二个目标，和

"爱国、诚信、友善"其他三个价值观的追求是有密切联系的。敬业是爱国的具体体现，一个人只有热爱自己的工作，尽职尽责地做好自己的工作，才能为国家的发展做贡献，才能体现其爱国情怀；敬业也是诚信的内在要求，在工作中要诚实守信、遵守诺言；敬业也是友善的表现，从业者作为团队中的一员，在工作中要与人为善、互帮互助、团结合作。

二、敬业是自我存在、发展与完善的需要

培育和践行敬业价值观，需要人们深刻认识到敬业的价值，这样有助人们对本职工作形成高度的认同感与责任感，进而树立起将工作视为人生信仰的价值信条。

我们为什么工作？首先大家想到的肯定是赚钱。那除了赚钱外，工作还能带给我们什么呢？我想每个人的回答可能都不一样。从心理学角度来说，敬业是自我存在、自我发展和自我完善的需要。

德国哲学家卡尔·雅斯贝尔斯认为："自我存在是指一个人的个体存在或意识到我们的自我，我们的矛盾、愿望和期待。"选择积极活下去的人，才能体验到自我存在。存在主义心理学家罗洛梅认为，存在感是心理健康的重要标志，存在感的缺失会导致无意义

感，也会带来价值感的缺失。

欧洲一些发达国家的社会救济制度比较完善。如果有人民失业了，可以领取失业救济金。救济金的钱很多，如果只靠救济金过日子，也可以生活得很好。不过很多人还是愿意去上班，主要是因为人有一种本能需要，要找到自我存在感。依靠自己的劳动获得物质财富，才能彰显自我存在的价值。而明明有工作能力，却甘当社会的弱者甚至是蛀虫，是会被看不起的。

工作满足了自我存在感的需要。这是一种高级的需要。大家不要仅理解为工作是为了拿到工资，拿工资只是最基本的需求。现在很多员工，不愿多出一份力，感觉多干活就像亏了一样。这种思想是很需要纠正的。

工作不仅可以帮我们找到价值感，也是个体自我发展与完善的关键所在。

德国著名哲学家与教育家包尔生认为，没有工作的人分两类：一类是穷人，另一类是富人。不管是穷人还是富人，没有工作就容易丧失道德。例如，那些生活在底层的穷人，可能会因为没有稳定的工作，而到处游荡，抽烟酗酒，甚至干起了乞讨、偷盗的勾当。同样生活在社会上层的富人，也许会终日游手好闲，无事生非，没有一点责任心与意志力。

另外，工作还能给人们带来自尊和自信。一个没有工作的人，如果被人问起，可能会觉得不自信。一个感觉工作不好的人，也会尽量把自我与工作分开，甚至提起自己的工作，会有一种羞耻、不光彩、没面子的感觉。相反一个人拥有一份自认为不错的工作时，则会表现得很自信，也乐于向他人分享自己的工作情况。

有调查研究显示，工作对自尊主要有两个贡献，一是人们在工作中会意识到自己处理问题的能力，从而获得满足感；二是人们在工作时，会为他人提供一些有价值的服务，或者在与他人的互动中，能感觉到自己的工作对他人是有价值的，从而衍生出一种成就感。

一个人如果不工作，他会无法觉知自己的存在是否对社会有贡献，这无疑会使失业者感到焦虑不安。因此，处于维护自尊和自信的需要，工作也是必需的。

工作也是自我价值得以实现的主要途径。自我价值的实现依赖于个体在工作中的具体表现。工作使个人能够更清楚地认识自我、肯定自我，而离开工作，个人的自我价值只能停留在空想之中。

关于敬业，我们也可以换一个角度去理解，比如我们可以把敬业看成是你与经历的关系。要成为一个更让自己满意的人，需要有很多的经历。没有经历过事情，你很难成为一个优秀的人。

我们也可以把敬业理解为做事情。我们是如何做事情的，我们是怎么处理事情、化解问题的，我们与事情之间是什么关系，我是否喜欢它，我不喜欢它的时候怎么办？这就是敬业主要探讨的话题。

三、敬业与幸福的关系

社会主义核心价值观的最终目的是让全体中国人都幸福。敬业作为一种价值观，与幸福的关系是怎样的呢？

人本主义心理学家马斯洛提出人的需要层次理论，认为人有五种需要：生理的需要、安全的需要、归属和爱的需要、尊重的需要、自我实现的需要。如果这些需要都满足了，这个人就是很幸福的。我们对照这个需要层次理论，来看看敬业可以满足什么。

敬业可以满足我们的生理需要与安全需要。生理与安全的需要主要表现为对生活基本保障和生命健康安全的需要。敬业可以让我们获得劳动报酬，满足基本生活的所需，在生病时也能及时得到较好的治疗与护理。有人说，如果我不工作，我的睡觉时间岂不是更多，我的生理需要不是更容易得到满足吗？的确，不工作，睡觉时间是多，但你睡得踏实吗？睡得安稳吗？这可不是和睡觉时间画等号的吧。

另外，敬业可以满足我们的归属和爱的需要。敬业的人一般都是负责的人，会有良好同事关系的人。敬业的人也广受大众的欢迎，如果敬业的你是一个男孩子，也许会受到女孩子的喜欢与追求，这样自然就满足了归属感和爱的需要。

尊重的需要就更不用所说了，敬业可以让你获得价值感与成就感，从而满足实现自我的需要。当我们把一个人的信仰与职业密切联系在一起时，我们就有了价值追求，并且能够在追求中获得幸福感。

例如那些科研工作者，为何他们能够专心致志地搞研究，不为名利所诱惑，是因为他们已经把自己的事业当成了一种信仰，认为这是为社会和国家谋幸福的机会。这样的人是值得尊敬的，也是大家应该学习的榜样。

我是一个心理教育工作者，根据以往的观察与调研，我发现现在社会上很多不幸福的人，无外乎是因为生存问题、归属问题和成长问题。

未来在社会服务和社会治理中，我们需帮助那些不幸福的人规划一下他们的人生方向。避免演变成为不稳定因素。

社会服务是要帮助大众，让其投入到自己的事业中去，所以需要与时俱进。以前我们会劝导大众：你再不努力，就赶不上改革开放的风潮了，到时候人家吃着你看着，人家坐着你站着，多可怜啊！但现在改革开放已经 40 多年了，你再用那一套说辞，就完全过时了。

四、干一行爱一行的能力

在前文敬业的解读中，我提到过敬业需要从业者干一行爱一行，不能身在曹营心在汉，这也是敬业价值观最基本的内容。

干一行爱一行也是市场经济发展的内在要求。现阶段经济高度发展，竞争也日益激烈，优胜劣汰是市场竞争的基本法则，而干一行爱一行，就能对工作保持热情。

另外，干一行爱一行也是每个人应该具备的职业素质，也是个人成长与发展的基本要素。当下很流行的一句话是“今天不努力工作，明天努力找工作”。一个人是否热爱工作，是否敬业，会直接影响他的生活质量和事业成就。

但现在的问题是很多人不能做到干一行爱一行，不是频繁跳槽，就是对现有的工作牢骚满腹，这恰恰是缺乏敬业精神的体现。

其实敬业精神的缺乏，也和职业规划教育不足有关。在学校教育中，很少有职业规划的课程，学生往往对自己没有一个明确的目标。我曾经给大学生讲课时，问现场的学生，“你们有多少人是自己主动选的专业？”很多人要么回答是自己随便选的，要么回答是父母帮忙选的。然后我又问，“你们以后会从事与自己专业相关的职业吗？”只有四分之一的学生选择“会”。

很多学生一开始是没有确定的目标的，大学四年读完后不从事相关职业，也不知道自己究竟想要做的什么。例如，本科学心理学的学生，以后做与心理学相关工作的人很少。他们毕业之后有人会做客服热线、销售保险、课程顾问等，也有人到学校做老师。心理学专业是这样的情况，其他专业的也差不多。这恰恰说明我们对待职业的能力是比较薄弱的，干一行爱一行的人少了。

干一行爱一行的能力其实体现的是随遇而安的能力。随遇而安就是能动地适应社会环境。而世界卫生组织对心理健康的标准中，有一项标准就是能动地适应社会环境。例如如果一个人的适应能力比较弱，他可能只和很少的人有来往，而大多数时间是宅在家里的。时间长了，就可能发展为社交恐惧症。

我之前曾给一些跨国企业进行培训。他们中的很多员工都是从国外留学回来的，这就涉及跨文化适应问题。在国外适应很好的人，在国内是不是也能同样适应？例如有些人到非洲工作，那里有些国家治安不是很好，再加上与家人分离，最后很多人因不能适应就回国了。这反映的都是适应能力。

五、敬业所要具备的心理品质

敬业需要具备四个品质：兴趣、钻研、刻苦、忠诚。

兴趣是最好的老师，只有对这项工作有着浓厚的兴趣，才有做好工作的信心和决心。如果对自己的工作没有兴趣，可能不会对事业有过多的追求。兴趣是工作的无形动力，人们对某项工作有兴趣，才会全身心地投入到工作中去。另外，如果我的兴趣比较广泛，那我就可以有多个岗位选择；如果我的兴趣薄弱，能力比较差，那我选择的空间就比较少，会很难选到自己喜欢的工作。

当我有了兴趣后，能不能享受工作呢？如果工作中遇到一些难题与挑战，我能不能坚持下去呢？这也是比较关键的问题。敬业价值观需要从业者爱一行钻一行，恪尽职守、精益求精地做好自己的工作，所以钻研精神是比较重要的。

钻研能力需要我们与时俱进，不断创新，把本职工作做得更好，只有以“新”“进”的态度去工作，才会有好的效果。所以我们要不断提高自己的技能，努力学习，掌握现代科学知识。一个人只有敬业的理想，却不具备敬业的素质，那敬业就只是一句空话。

在敬业中，我们还需具备刻苦的能力。例如我们在钻研的过程中很枯燥，不会马上出成果，你能不能耐得住枯燥，能不能一直坚持下去，这就体现了刻苦的品质。

敬业还需要一个心理保障，那就是忠于职守。忠于职守是职业道德、职业责任、职业纪律的集中体现。我们必须用严肃的态度来对待自己的本职工作，不能三天打鱼两天晒网。

六、社会主义核心价值观的落地

普通大众对价值观的理解，可能是要我做些什么事，要我付出点什么。其实不是的，核心价值观是和每个人的利益息息相关的。如果你做好它，最终受益最多的还是你自己。

举个例子，我曾答应给一所学校的新老师进行心理培训，学校给这些老师报销，让他们跟着我学习，参加我的培训课。结果同意参加培训的人只有几个。而这几个人一查路线，发现坐完飞机，还要坐火车，还要坐一段大巴车，就感觉太受罪了，不想来了。等到暑假的时候，我又开了一个培训班，是在旅游中学习心理学，大致的内容还是和之前的一样。这次学校不再报销了，想要参加培训班，需要自己出钱。结果这次报名的人反而变多了，也不抱怨路途艰难了，很高兴地就来了。为什么这样？是因为这次培训引发了他们的主动性。之前的培训是学校要去的，他们只是要完成任务，因此是很不情愿的。这次不一样，他们是主动报名的，是抱着放松的心态来学习的。

为什么要把核心价值观和人们的生活结合起来，是因为现在一提起价值观，很多人感觉都是政治上和道德上的，像是在提要求。其实核心价值观和每个人的成长与发展息息相关，核心价值观也是每个人的需要。

比如敬业，我们要明白敬业不是为了别人，而是为了自己。如果我们一开始就具备了敬业的心理能力，我们的职业生涯，相对来说会比较舒服且平坦。也许你的工资不见得比别人多，但是却能够对工作满怀热情，这是别人所不具备的。

参考文献

[1] 王磊 . 敬业价值观的马克思主义理论意蕴与当代弘扬 [J].

学术论坛,2016,(02):16-19.

[2] 刘永春.敬业道德价值论析[J].桂海论丛,2016,(01):40-43.

[3] 贾长伟何玉北.浅论敬业伦理价值.法制与社会2009(05):380.

[4] 胡光辉,程刚,陈爱国,刘军.敬业精神[J].北方文学(下半月),2012(05):243.

[5] 杨业华,沈雅琼,许林青.社会主义核心价值观之敬业探析[J].思想理论教育导刊,2015(10):62-66.

[6] 朱辉荣.论自我存在、规定与结构[J].社会科学家,2012-(08):17--20.

第十二章
诚信：信任感的提高

“诚信”是社会主义核心价值观个人层面的内容，与“爱国、敬业、友善”一起构成公民个人层面的价值准则。社会主义核心价值观虽然包含三个层面：国家层面、社会层面和个人层面，但这三个层面并不是相互独立的，而是相辅相成的。作为个人层面的“诚信”价值观，也同样适用于国家和社会层面。

一、诚信的解读

在个人层面，诚信自古以来就被视为为人处世的美德。《现代汉语词典》对“诚信”的解释为：诚实，守信用。诚实即不隐瞒和掩饰自我真实的想法，也就是行为忠于良善的心；守信则注重“外信于人”，是一种行为活动。只有把诚与信统一起来，才能发挥内化与外化的统一，真正做到诚信。核心价值观中的诚信就是一种道德品质，注重人的内心修养，是一种实事求是的精神。我们的传统诚信观侧重诚信的道义性，即人生的价值不只是满足物质需要，更应该注重自我道德的完善。

在社会层面，“诚信”是社会交往的道德准则。在传统社会，由于社会环境的封闭，诚信更多的是指个人的内在修养。然而在现代社会，公民已成为市场经济活动的主要参与主体，诚信已不单只是一种内在意识形态，还是全体社会成员应该遵守的道德准则。在人际交往中，我们需要诚信，如果人与人之间没有诚信，社会秩序将变得混乱，社会将陷入互相猜忌、尔虞我诈、钩心斗角、人人自危的境地。在经济交往活动中，诚信是推动企业经济发展的黄金法则，如果企业没有诚信经营，有可能会面临破产的风险。

在国家层面，诚信是国家对内处理一切事务的指导原则。我国是人民民主专政的社会主义国家，我们对内履行的职能，无外乎是为了经济发展，实现人民民主专政。为了达到这个目标，国家要始终秉持一切从实际出发，制定和实施符合人民群众利益的政治方针。只有本着诚信的原则治理国家，才能得到人民的认可和拥护，才能促进国家繁荣昌盛。另外，诚信也是国家进行外交的主要原则。现阶段，我国正处于社会主义初级阶段，塑造良好的国际形象，赢得国际声望是保证外部环境有利于国家发展的根本。当今时代，一个守诚信的国家才能有良好的国际形象，才能赢得其他国家的广泛信任与支持。反之，如果一个国家出尔反尔，声望低下，就可能为国家的安全埋下巨大的隐患。

二、儒家文化中的诚信思想

诚信在中国传统文化中占有非常重要的地位，其被视为绝对的道德。儒家将诚信视为“进德修业之本”“立人立政之本”。孔子对诚信曾做了多方面的阐述，就《论语》来说，提到“信”这个字就达到 38 处之多，包含的内容也非常丰富。随着中国文化的发展，诚信则成为中华民族为人处事的基本原则，指导着人们的行为。

从个人修养角度，《论语》提出了诚信的重要性。孔子看重一个人的品质，认为一个人的发展最根本的就是要忠诚、守信。

在教导学生时也主张学生养成诚信的良好品质。孔子还强调“言必信，行必果”，认为说到的事情就必须做到。《中庸》中提到“诚外无物”，就是人的成长，人的心灵修养，除了诚之外没有别的东西了。孟子更是把“诚”看作是人应走的正道，将诚视为最高的道德范畴。韩愈从孟子的“仁义礼智”理念出发，认为诚信是人类的本性。由此可见，儒家文化的诚信思想注重人的内心，强调人的德性内化。即使在没人监督的情况下，也要言行一致，表里如一。

唯天下至诚，为能尽其性；能尽其性，则能尽人之性；能尽人之性，则能尽物之性；能尽物之性，则可以赞天地之化育；可以赞天地之化育，则可以与天地参矣。——《中庸》

子思认为，只有天下极端真诚的人才能充分地发挥出他的本性；只有充分发挥出个人的本性，才能带领着众人发挥出本性；充分发挥出众人的本性，才能发挥出万物的本性；充分发挥出万物的本性，才能帮助天地培育生命；帮助天地培育出生命，就可以与天地并列为三了。

诚信作为基本的道德品质，不能只停留在心中，还应该外化于行。既不自欺，也不欺人。从交友方面来说，孔子认为与人结交，要讲究诚信。那些言而无信之人，是不值得结交的。为此孔子提出了益友和损友的概念。孔子认为，与正直的人、诚实的人、见多识广的人交朋友，是有益处的；与走邪门歪道的人、谄媚奉迎的人、花言巧语的人交朋友，是有害处的。我们在结交朋友时要多交益友，远离损友。因此诚信也成为交友的重要原则之一，只有说实话守诚信，才能结交。

从为人处事来讲，孔子也强调诚信的重要性。孔子认为，一个人如果没有了诚信，就如同马车没有套住牲口的横木，还怎么行走呢？同时孔子也主张对他人保持信任的态度，不轻易怀疑他人，这是做好贤人的根本。告诫我们要遵守“言忠信，行笃敬”的处世原则。

为什么要介绍儒家思想呢？因为在我看来，儒家思想就是心理学的思想。儒家学说中有很大一部分内容是那些代表人物在个人生活和追求学问的过程中，总结出来的一些经验。比如他遇到过什么问题，他是怎么解决这个问题的；他遇到了怎样的心理困扰，他是怎样克服困扰的。

孔子说，“人不知而不愠，不亦君子乎”，人一生当中经常遇到的心理烦恼是什么，就是不被别人理解，被别人误会。按照现代心理学来讲，我们都讲自我。现在人讲话，“我”出现的频率是很高的，且讲的大部分内容都是以我为中心。如果每个人都是从自己的角度看待问题，就无法客观地对待和评价他人。由此就容易导致误会的发生。按照这个逻辑来理解，你误会别人是很正常的，别人误会你也是常有的。

三、信任感与信任危机

埃里克森认为，基本信任感是心理活力在生命发展中的第一个组成部分，这是由人生第一年体验而获得的对一个人和世界的普遍态度。在埃里克森的人格发展阶段论中，新生儿的主要任务是获得信任感，克服不信任感。当孩子哭喊或是饥饿时，父母是否及时出现是建立新生儿信任感的重要因素。如果新生儿在此过程中获得了信任感，不仅会对新环境信任，而且还能够信任自己；如果孩子在此过程中没有形成信任感，长大后就容易形成自卑敏感的性格，在面对新环境时也会焦虑不安。

埃里克森的理论不仅揭示了信任感在人生过程中的重要性，同时也告诉我们，个体对信任感的认识早在婴幼儿时期就会出现，父母的早期喂养和教育对孩子信任感的形成有非常重要的影响。

从进化角度讲，人类主要是靠合作与竞争生存下来的。既然要与别人合作，就不能没有诚信，缺失了诚信，可能无法生存。例如远古时候，我们的祖先去打猎，有人看到了一头野猪，但他欺骗伙伴没有看到。他想等伙伴们走了以后，自己独吞。但他没料到一头野猪后边还有一群野猪，结果在抓野猪的时候被其他野猪围攻咬死。

不诚信还会导致亡国之灾，周幽王就是个例子。周幽王宠爱妃子褒姒，为了让妃子高兴，就点起烽火。烽火在当时是求救信号，点燃烽火，临近的诸侯就会来救驾。周幽王点燃烽火后，诸侯赶忙救驾，却发现是周幽王在戏弄他们。这样的戏弄多了后，诸侯就不再信任他。之后就算真的有敌人来侵犯，周幽王再点烽火，已经没用了。

现阶段，社会面临着“诚信危机”。这种信任危机主要表现在三个方面：一是怀疑诚信的利益价值，“老实人容易吃亏”“说实话不讨好”这些言语已经成为部分人的人生信条；二是对社会是否存在诚信表示怀疑，认为社会是不讲诚信的，网络骗子太多，让人防不胜防；三是对诚信极度失望，以致放弃对诚信的价值追求，如有些人认为现代社会都讲究人情与变通，光有诚信是干不成事的。

“诚信危机”已经成为国家必须解决的时代课题，它不仅关系着经济、社会的发展，还关系着现代人精神世界的健康发展。很多人认为诚信危机的出现是由于法律约束力不够，所以社会上才会产生这么多恶性事件。其实一个人的外部约束，远不如自我约束。如果个体没有意识到诚信对自身生存与发展的重要性，没有体验到诚信给自己带来的益处，那诚信对于他来说，自然就可有可无了。

我在一项对大学生的诚信调查中发现，仅有 64% 的学生认为诚信是必要的。但在这些人群中，有 28% 的学生认为如果自己的诚信会伤害个体或朋友的利益，则宁愿放弃自己的立场。甚至还有 8% 的学生认为不顾个人安危，为诚信去“冒险”是“没事找事”。

马斯洛认为，需要的满足状况是行为效果的重要检验。诚信也受需要满足的影响。如果诚信是有助于需要满足的，诚信行为就会被强化，关于诚信的认识会更稳固。反之，如果因遵守诚信而使自己的需要满足受阻，相应的诚信行为减少，诚信认识也会动摇。

四、没有诚信，人类会陷入内耗

一个故事是这样讲的：有个人斧子不见了，他就怀疑被别人偷了。只要路过他家门口的人，他都觉得像是小偷。可最终他在家里一个隐蔽角落找到了斧子。此时他再看路过的人，便觉得他们都很善良。

其实我们有时也会和故事中的主人公有同样的心理。长期防备着别人，会把别人投射成坏人，你的投射，别人也会感觉到，所以他人也会防备着你，对你不信任，久而久之，你俩的关系就会不那么和谐。常言道“害人之心不可有，防人之心不可无”，这是很多经历风雨变化的人的处世哲学。纵观前人研究和一些现实情况，主要有以下三种防：男女之防，君子与小人之防，家人朋友之防。

首先是男女之防。两人谈恋爱的时候，男方会看紧自己的女朋友，毕竟有些人明知道女孩名花有主，他也想要移花接木。男孩也不是让人省心的。“防火防盗防闺密”，在女朋友和她的闺密之间游走的男人也不在少数。当两人终于确定关系，步入结婚殿堂后，有些人还是不放心，因为“男人有钱容易花心，这要防着”“漂亮的女人容易给男人戴绿帽子，也要防着”。

其次是防君子与小人。君子之交淡如水，小人之交长戚戚。日常生活中我们要防着小人。但小人脸上又没有刻字，标明自己是小人，所以需要我们谨慎辨认。不过君子就都是“免检产品吗”？不一定，现在伪君子也多得很，“偷税漏税”“贪污腐败”“桃色新闻”，这些有的就是君子做出来的勾当，又在时时提醒我们，人心不可测，知人知面不知心，所以对“君子”也还是要防着。

最后是家人与朋友之防。有句老话叫“养儿防老”。虽说防的是“老”不是“儿”，但儿女未必靠得住。现在不赡养老人的事件有很多，所以老人也要提前为自己做打算。另外，儿女防父母的也有很多，有些孩子写完日记会直接用密码锁锁起来，就是害怕父母偷看。家人要防，朋友更要防，电视剧中演的很多幕后大反派，就是主角的朋友，表面上看是亲如一家，但背地里还不知道怎么算计你呢，所以朋友也要防着。

日常生活中处处需要防着，时时需要防着。你也防，我也防，朋友也防，亲人也防。可是防的时间多了，防的对象多了，你的生活也就没有一点色彩了。久而久之就会夫妻离了，朋友散了，家人烦了，你也累了。

防人之心需要付出的成本太大，而且也不利于事情的发展。如果大家都减少内耗，放松下来，那也许才是最符合自己的心理利益的。双方有了信任后，我就会成为你的“免检产品”。如果我们身边的人都是“免检产品”，你不用去怀疑他，也不用去测试他，你的内耗就会大大减少，那你将有更多的时间和精力来获取更多的物质财富，让自己生活得更舒适。

小康社会的“康”指的是什么？就是让大家放松，让大家心安。小康社会是让全体老百姓都能过上心理安宁日子的社会。如果社会缺少诚信，人人都秉承着防人之心，这就意味着人们要花大量的时间去防人，需24小时头上的天线都开着，耗费大量的心神能量。长时间下去，神经衰弱、焦虑症、强迫症、抑郁症、恐怖症等心理问题都会出现。这还怎么进行经济建设，怎么实现小康社会？

另外，如果人与人之间的信任水平越低，你防着我，我防着你，社会的温度就会越低，亲社会行为就会越少，进而破坏性的行为就会越多。破坏性行为增多时，人们会不愿去创新，GDP的增长就只是空谈。如果人际关系越好，人与人之间彼此信任，双方就会在互动过程中做出更多的亲社会行为、友善的行为，就更利于自我与社会的发展。

五、诚信与幸福

实际上社会主义核心价值观中的12个词，就代表着12个美德。我们容易把美德理解成是道德，西方人却把美德称为心理优势。心理优势是一种心理特质，能够在不同的情境中长期存在，且心理优势常能带来好的结果，我们也可以把其理解为获得幸福的优势。我觉得，把“美德”理解为心理优势，更能调动民众的积极性，进而保持自己的优势，发展自己的优势，追求更为幸福的人生。

积极心理学家总结出了获得幸福的 24 个优势，真诚就在其中。正如前文所述，诚信是为人之本，立德之源。每个人都拥有诚信，在感受真诚、善良、关爱中进行心理交流，会使个体变得更加信任、宽容，形成主观幸福感。

诚然，幸福一定是建立在安全感的基础上。虽然你有很多钱，但你要是总想有人会来偷钱，你就会心里很不安，这样还谈什么幸福！幸福的实现，是离不开诚信的。人人都在自危，都在小心翼翼，都在防备他人，怎么可能会幸福！

在我看来，诚信是人类心理利益共同体的具体体现，心理利益共同体关乎着每个人的心理利益，和每个人的利益息息相关。为什么现在很多人事不关己，高高挂起，就是因为他没有意识到心理利益共同体与自己的关联。讲诚信不是为了别人，而是为了自己。不是说我对你诚信，你要感谢我。而是你诚信了，你就问心无愧，你就感觉到了安全，你就获得了比较高的心理利益。

现代社会，很多人都缺少安全感。但其实你拥有了安全感，就是拥有了比较高的心理利益。不知大家有没有注意到这样的情况，被欺骗的感觉比被实际骗走的东西更让人伤心。我们有时不怕被抢劫，我们更怕被欺骗。因为怕被骗，有些人不愿意和别人过多来往。因为怕被骗，我们拒绝了别人伸出来的手。久而久之，人情就显得冷冰冰的了。要知道，人类是一个利益共同体，倾巢之下焉有完卵。

有时候我们很容易把诚实的人定位是傻，觉得处在社会这个大染缸中，人要是不精明一点，就容易被人骗，其实这是不正确的认知。不诚信的人，即便发了不义之财，也不会达到心安理得的状态，欺骗自己的人也容易被别人欺骗，这实际上是得不偿失。同理，你对自己真诚，就很难对别人虚伪，但是很多人认识不到这一点，因为他们的诚信价值观已经扭曲，忘记了自己要追求什么。要知道，诚信不仅是道德层面的规范，也是心理层面的个人需要。

六、提高信任感的途径

基于积极心理学的理念，提高个人信任感的途径可以从以下方面着手：第一，全面优化诚信教育的环境；第二，挖掘和培养个体的诚信品质；第三，增强个体在诚信行为中的积极情绪体验。

1. 优化诚信的社会环境

在市场经济条件下，社会主义核心价值观中的“诚信”既需要道德的约束，也需要制度的保障。早在 2014 年，我国就发布了《社会信用体系建设规划纲要》，纲要中明确的主要目标是：到 2020 年，社会信用基础性法律法规和标准体系基本建立，以信用信息资源共享为基础的覆盖全社会的征信系统基本建成。现阶段，我国重点从信用管理体系、完善信用法律体系以及强化政府的失信惩罚机制三个方面开展工作，构建社会信用体系，引领社会诚信建设。

另外，优化社会环境可借助媒体进行诚信宣传，营造公民诚信氛围。社会媒体是舆论的载体，也是舆论的表达平台。借助媒体向社会传播诚信理念，从一定程度上会对大众的思想和行为起到引导作用，从而有助营造和谐的诚信氛围。

2. 挖掘和培养个体的诚信品质

广泛进行诚信道德教育，提高公民的诚信意识。但是我们应该清楚认识到从全民范围内提升和培养诚信品质是一项庞大而复杂的工程，所以我们要有侧重、分层次、有策略地进行。

首先要以青少年和大学生为重点，因为他们此时正处于价值观的形成阶段，认知、思维相比成年人来说，更容易改观。其次再面向全体公民。

当然在教育内容上，要将诚信教育贯穿于全体成员教育的全过程，如社会公德教育、职业道德教育、家庭美德教育，全方位的提高个体的诚信素养。

另外在教育方式上，针对不同群体要采用不同的教育方法。如对于社会大众，诚信教育要贴近生活，采用通俗易懂的语言和多彩的社会活动进行宣传教育；对待青少年，要采取直观形象、生动有趣的方法，寓教于乐，防止枯燥无味。

3. 增强关于诚信的积极情绪体验

如果大众对诚信没有真实的积极体验，会很难提高其诚信水平。毕竟理论来源于实践，最终也要归于实践。所以在提高信任感方面，积极体验是非常关键的一环。这就提示我们，在日常生活中，要大力开展形式丰富的诚信活动，积极动员全体人民在认识和实践活动中，形成诚信的价值观。

例如在 2014 年，哈尔滨市开展了“诚信示范活动”。此活动主要围绕“衣食住行”等大众都普遍关注的行业，以“重质量、重信誉、重口碑”为主体，开展诚信示范活动。活动通过职能部门推荐及企业自荐、媒体报道、公众评价、组委会评议等环节，推选出“诚信哈尔滨”示范企业，并建立企业“红黑榜”，引导各行业、各经营单位树立诚信意识和社会责任意识。

又如，北京市曾向贷款学生开展“诚信人生，从我做起”主题征文大赛。这个活动不但提高了家庭困难学生的资助水平，还激发了广大受助学生诚实守信的决心，可谓一举两得。

当然类似的活动还有很多，现在新兴媒体这么发达，我们更应该利用其为大众提供形式多样的诚信活动，增强大家对诚信的积极情绪体验。

参考文献

[1] 王珍 . 社会主义核心价值观之诚信解读：从《论语》论诚信 [J]. 学理论 ,2014(25):14-15.

[2] 尹京敏 . 以诚信建设为基础积极培育社会主义核心价值观 [J]. 中文信息 ,2014(07).

[3] 张鑫 . 社会主义核心价值观中“诚信”问题研究 [D]. 东北师范大学 .2016.

[4] 余玉花 . 论诚信价值观 [J]. 思想理论教育导刊 ,2016-(03):98-102.

[5] 郑晶晶 . 社会主义核心价值观的中华优秀传统文化底蕴研究 [D]. 大连：大连海事大学，2017.

[6] 郭志峰 . 关于诚信的心理学分析 [J]. 阴山学刊 ,2007-(03):101-105.

[7] 韦盛 . 闲说“防人之心”[J]. 现代交际 ,1996(07):32.

[8] 杨洋 . 积极心理学视角下学生诚信教育提升路径探讨 [J].

高教学刊,2019(14):176-178.

[8] 王思远,杨雅棋,李茜.积极心理学视域下优化大学生诚信教育的对策探析[J].教育教学论坛,2020(05):75-76.

[9] 刘春梅.以诚信教育促进个体幸福感提升的路径探索[J].学校党建与思想教育,2011(20):55-56.

第十三章
文明：知行合一的能力

“富强、民主、文明、和谐”是社会主义核心价值观国家层面的价值目标。“文明”处于第三个位置，高度概括了社会主义现代化国家文化建设的应有状态，是实现中华民族伟大复兴的重要支撑。

一、文明的解读

“文明”一词在人类思想史上很早就存在了。很多思想家都对此进行了阐述。党的十二大报告中把“文明”写到了国家发展目标中，党的十八大又把“文明”放在社会主义核心价值观的高度上。如何理解文明，对我们培育和践行社会主义核心价值观，提高国家、社会、公民的文明程度有重要意义。

从国家层面来讲，文明是指国家发展的状态，即国家创造的物质财富和精神财富的综合。马克思说，“文明的一切进步，是社会生产力的发展”。恩格斯说，“文明时代是学会天然产物进一步加工的时期，是真正的工业和艺术产生的时期”。文明是物质与文化的增长，以及由此产生的各种制度建设，最终推动人的全面发展。我们熟悉的物质文明、精神文明、社会文明、政治文明、生态文明都属于国家层面的文明。

从社会层面来说，文明是社会秩序的建立。“文明”一词最早见于《周易》。该书中有“见龙在田，天下文明”，这里的文明是“文采光明”的意思，是社会进步、光明美好的写照。相比人类的发展，人类进入文明社会的时间就短了很多。在约 300 ～ 350 万年前，地球上就出现了最早的人类。但是，直到公元前 3500 年左右，人类最早的文明曙光才出现。之后金属工具的出现、文字的发明和国家的形成，才促使人类逐渐跨入文明社会。我国也一直在强调建立文明社会，这时的文明社会追求真、善、美，这也是文明社会的三大特点。

从个人层面来讲，文明就是与思想保守、精神愚昧、文化落后相对的思想开放、精神进步、文化先进的状态。《尚书·舜典》称赞舜“浚哲文明”，就是指他非常谦恭，品德高尚，很受人爱戴的意思。西方的“文明”一词包含有脱离野蛮的开化之意。所以，个人层面的“文明”有端庄优雅有教养之意。

二、社会主义核心价值观中的文明

现阶段，文明已经成为社会主义核心价值观的重要组成部分，是我国社会主义的价值追求，成为人们普遍接受和认同的价值。社会主义核心价值观中的文明，主要包括以下内涵：

文明是具有中国特色的社会主义文明，是依据中华民族传统文明，如“民惟邦本”“天人合一”“和而不同”的思想，并对其赋予了时代精神，是中国人自己的文明形式。

文明是对中华优秀传统文化的升华。习近平总书记强调，我们要提倡和弘扬社会主义核心价值观，必须从中华优秀传统文化中吸取丰富营养。充分体现对中华优秀传统文化的传承与升华。

文明是高度发达的物质文明与极大进步的精神文明的统一。历届国家领导人都强调物质文明与精神文明两手都要抓，两手都要硬，体现了社会主义对物质文明和精神文明和谐发展的追求。当前，精神文明建设是重要而迫切的。

文明作为国家层面的价值要求，与富强、民主、和谐一起给我们解答了我们要建设什么样的国家这个问题。

富强、民主、和谐与文明是统一的。富强是文明的基础。只有国家富强了，才能保障中国特色社会主义文明兴旺发达；民主是文明的保障，人民当家做主对实现文明的社会主义提供了保障。同时，民主可以促使人民群众发挥历史作用，激活文明发展的动力；和谐是文明的体现与归宿。社会主义文明表现为物质文明和精神文明的和谐发展，且文明的最终目标是促进人类自由而全面的发展。

尽管文明是从国家层面提出的核心价值观，但其实还是要落实到个人层面上，需要每位公民共同努力。一方面大力发展生产力，不断推进改革开放；另一方面，要不断提高人们的文明素质，如道德水平、理想信念、组织性与纪律性等。本节内容主要围绕精神文明，特别是从文化素质方面进行阐述。

三、很多行为是在文化中形成的

文明与文化是紧密相连的。文明是对中华优秀传统文化的升华，我们追求文明社会，就是希望每一个体都是有文化的，都是明理的。

“文化”这两个字我们分开来解读，“文”是文以载道，“化”是化成一种行为。也就是说运用一切的文，如文学、文字、文艺等，去使人的行为改变的过程。所以，文化就是运用你知道的知识和学问，来使自己的行为更加的规范，让个人更趋向于一种理智的状态。

人是文化塑造出来的。有怎样的家庭文化，就会塑造出怎样的孩子；同理，每个国家的文化也是不一样的，其民众的行为方式也是相差很大的。

我国主张一夫一妻制，如果一方出轨是要受到道德的谴责的，更别说有重婚的，那就要实施法律手段了。但阿拉伯地区的国家，是承认一夫多妻制的。三四个女人嫁给一个男人，是很常见且合理的。不过作为丈夫，男人要对自己的多个妻子绝对公平。给一位妻子买了首饰，给其他的妻子也要买同等价位的东西，否则有可能遭到其他妻子的上诉。

人的很多行为，都是在文化中形成的。例如一个女孩在贫穷家庭中长大，自身的外貌品行都很好，但是她就是会觉得自己不如别人。当她碰到出色的男孩追求时，她会认为自己配不上人家。而另外一个女孩，出生在富裕家庭中，虽然相貌、品行不是很出色，但她就认为自己很好，如果男孩不喜欢她，她也会缠着人家不放。这两个女孩的区别在哪？就是对自己的认知不同。这种认知的不同就是文化熏陶的。

现在我们用心理学辅导别人的时候，主要是想改变原来文化对他的塑造，其实这是很难的。因为他的眼前已经有张文化网，有堵文化墙。这张网构成了阶层观念，有些人突破不了这个观念，就会被撞得头破血流。

现在有很多人被文化网、文化墙束缚。虽然对文化的塑造，是一个很难的工作，但是一旦做了，就会有效果。在这个过程中共情就变得很重要了，如果你能换位思考，能学会倾听，能表达尊重，这就很厉害了。

我们希望自己的孩子能成为一个文明的人，那你就要听他说话，听他的心声，让他觉得被理解，让他觉得被尊重。当他认为自己被人尊重、被人倾听、被人接纳，他就会有自信，有自尊，进而就会有自觉。有些事情不用别人跟他说，他自己就会告诉自己，我不能这样做，我要考虑他人的感受。

四、文明需要知行合一

我们很多行为是在文化中形成的，这就要求我们要做一个有文化的人，可是现在“有文无化”的人多，“有文有化”的人少。虽然知识分子挺多的，但是真正有文化的人却不多。为什么？这是因为知道了但却做不到。其实，文明程度低，并不是因为我们不知道如何做，而是因为我们知道却做不到。文化既是记录、表达、评述，又是分析、理解、包容，文化是知识与经验升华的体现。这背后都是在说要知行合一，要说到做到。

例如我知道闯红灯不好，但我还是大摇大摆地闯了，这就是不文明；我知道在公共场合不能高声喧哗，影响他人，但是我却没做到，这也是不文明；我知道粮食来之不易，但我仍然浪费粮食，这还是不文明。

文明的前提是文化，而文化就是让人知道又做到。有文化的人不是指你受了多高的教育，而是你能够用知道的知识去处理你的生活，去面对你的问题。其实从这个角度来说，儒家思想就是要教导众人成为一个有文化的人，让社会成为文明的社会。孔子一生最大的政治理想就是恢复周礼，实现天下大同。为了这个政治理想，孔子周游列国寻找机会，但却屡屡碰壁。孔子一直在追求的周礼，其实就是文明社会的一种具体体现。

有些人会说因为孔子是圣人，所以他能做到。其实我们每个人都可以做到。相传很久之前，人们都很自律，道德高尚。如果有人犯了错误，人们会在地上画个圈把他限制住以示惩罚，即使这样，哪怕他身边空无一人，他也决不会提前走出圈子半步。那个时候的人们都是很自律的，但到了今天很多人其实这方面是有欠缺的。

孔子知道也能做到，他的学生能不能做到，这就不好猜测了。不过肯定会有做不到的人的。知道却做不到，就是“有文无化”，就不是一个有文化的人。如果儒家有文化的学者少了，一些学说可能就会遭到他人的误解，甚至还会被乱用。汉代的独尊儒术，就是很好的例子。

王阳明是“知行合一”的心学大师，阳明心学不仅对中国社会产生了深远影响，日本的明治维新也是深受阳明心学的影响。另外，日本有些企业家，比如松下幸之助，他在学习企业管理时也是深受阳明心学的影响。

那么怎么践行“文明”这个核心价值观呢？就是让社会群体，能够知道并且做到，知行合一。唯有说到做到才是一个文化人，才是一个文明人。从心理学上来讲，很多人有问题不是因为他不知道，而是因为他知道的太多了，但他做不到，就会产生心理压力。所以此时并不是“知道得少”的问题，而是他需要进行一些心理上的建设。

五、文明需要有秩序

做文明人，就要讲秩序。这个秩序是符合人心的，并不是符合某个人的。如果只符合个别的管理者，这就是不合理的，就是不道德的。现在的社会治理做得好，就是因为得人心，符合社会规律。中国特色社会主义道路是谁选择的？是全体中国人共同选择的。

其实早在孔子时期，就强调了秩序的重要性。孔子说不学礼，无以立。“礼”是什么？就是行为规范。这里给大家穿插一个小知识，孔子刚开始讲学，是讲“道”；结果很多人听不懂，就开始讲“德”；又有一些人听不懂，开始讲“仁”；还听不懂，就开始讲“礼”（规范）。“礼”是通过言行举止就可以看得到的，它不是虚无的存在，也很容易理解。所以孔子传播的“礼”，就很容易被大家接受。

孟子也强调对人心进行管理。孟子的“四端”就是对人性的定义：恻隐之心，仁之端也；羞恶之心，义之端也；辞让之心，礼之端也；是非之心，智之端也。如果丧失了这四心，“非人也”，人性就丢失了。除了内部的四端之外，孟子还推崇五伦关系：父子有亲，君臣有义，夫妇有别，长幼有序，朋友有信。现在很多人之所以会出现问题，是因为这五种关系的言行准则遭到了破坏。

因此，我们现在去规范人的行为是很有必要的。如果人人都有礼教的话，社会的文明程度就会提高。我见到领导，我说，领导好。这就是礼；我到各地讲课，有人来迎接我，送我鲜花，这也是对我的礼。“礼”代表着一种友好的态度。只要你有这个态度，你就能在社会上立足，你要做到了礼，就守住了你的善良。

实际上，文明行为的引发，很多是因为我们内心有这样一个情感，正是这份情感，由内向外地影响着我们的行为。

六、文明需要懂得人情世故

孔子说，“不学诗，无以言。”意思是不学《诗经》，就不懂得怎么说话。为什么孔子会把《诗经》捧到这么高的位置呢?

《诗经》收集了西周初年至春秋中叶的诗歌。其内容丰富，反映了当时社会的风土人情、人情世故、人的行为规范等。《诗经》是周代社会生活的一面镜子。孔子曾概括《诗经》宗旨为“无邪”，并教育弟子读《诗经》以作为立言、立行的标准。在孔子看来，不读《诗经》，就不了解人心、人性、人情，那怎么能与他人友好地沟通与互动呢!

所以要懂得人情世故，例如朋友生气了，你却没有意识到，还一个劲儿地吐槽，你还怎么做文明人！知道别人在想什么，急别人所急，这就叫人情世故。如果一个家庭遭遇了变故，我去慰问，首先我会表达出对你家经历了这些不好的苦难的同情，先表明我很关心你家现在的情况。这就是懂得人情世故。

我们要在人情世故上下功夫，化解不良的情绪，规范讲礼的行为，让大家既能够知道，也能够做到。当然我们也可以在社区、企业中做这样的工作。大家可能说这是杯水车薪，起不到什么作用，但是做了总比不做好，如果天天坚持这么做，总有一天你会有所收获。

七、文明需要尊重

我之前在中山大学开办了一个 MBA 的课程，上我课的企业家有几十个。有一次，他们邀请我一起去不丹旅游。不丹这个国家，好多居民是信佛的，平时不怎么吃肉，偶尔才会吃点鸡肉。我们到了不丹后，居住在这个国家最大的酒店。由于吃不惯当地的饭菜，有人就把厨师赶出来，自己动手做菜，还跑到市场到处找肉；嫌弃饭店的桌子太小，就把几张桌子合并起来。这就是没有入乡随俗，没有尊重当地的风土人情。这也恰恰是一些人到世界各地旅游被当地人诟病的原因。

文明需要尊重。尊重他人的文化，尊重各国的民俗，并对这些文化要有一些宽容和忍耐。中国是一个文明古国，我们并不缺少文明的能力。现在社会中的不文明现象，主要是由于我们疏于规范，对自己松懈了。

国家把文明提到核心价值观的高度，其实是有非常大的意义的。我们的文化出口跟不上经济发展。政府层面颁发的关于弘扬传统文化的通知中，甚至具体到国外华人的餐馆都要做好文化工作，这说明文化输出已经是迫在眉睫了。

在意识形态上，我们不能光顾自己，还需要和其他文明去相互交流。例如在外国建立孔子学院，弘扬我们优秀的传统文化。如果中华文化因此能够得到更大的弘扬，那就说明这张文化牌很厉害。

所以在实现中华民族伟大复兴的路上，我们要有文化自信。但同时我们也要对自己有约束性。虽然文明作为国家层面的价值观，看起来高高在上，但是从个人层面来说，我们也是可以培育和践行的。正如前文所说，文明需要知行合一，需要懂得人情世故，需要约束自我的行为，需要尊重风俗习惯。如果我们都在这些方面下功夫，也就做到了核心价值观的践行了。

参考文献

[1] 刘峥 . 大学生认同与践行社会主义核心价值观研究 [D]. 长沙：中南大学 ,2012.

[2] 朱晨静 . 日常生活视域中社会主义核心价值体系认同研究 [D]. 苏州：苏州大学 ,2012.

[3] 周古月 . 当代大学生对社会主义核心价值观的认同现状及教育对策研究 [D]. 华中师范大学 .

[4] 丁甫江 . 培育践行社会主义核心价值观研究 [D]. 广州：华南理工大学 ,2014.

[5] 刘芳 . 社会主义核心价值观研究述评 [J]. 北京行政学院学报 (02):113-120.

[6] 彭俊桦 . 大学生社会主义核心价值观践行研究：基于文化多样化背景 [D]. 福州：福建师范大学 ,2014.

[7] 徐辉 . 社会主义核心价值观内容解读之“文明” [J]. 思想政治教育研究 ,2014(05):61-63.

第十四章
和谐：身心之和的能力

“富强、民主、文明、和谐”是社会主义核心价值观国家层面的价值追求。“和谐”作为国家层面的第四个价值目标，蕴含着丰富的内涵，凝聚了中国传统文化的精髓，承载了人类普遍意义的价值追求。

一、和谐的解读

所谓和谐，主要包含人与自身的和谐、人与自然的和谐、人与社会的和谐三大内容。

人与自身的和谐。即通过自身修养与实践，来不断调试和提升自我，达到个人身心协调发展，最终成为一个心理健康、心态平和之人。只有自身和谐，才能与他人、自然、社会都和谐相处。维系人与身心之间的和谐关系，就是要通过“修心”“立德”“改过”“从善”，实现自我身心内外和谐，达到个人身心协调发展。

人与自然的和谐。人与自然的和谐就是人与环境和谐共生。《道德经》中“道法自然”“天人合一”思想，都是在提倡人与自然和谐相处。当今世界，由于人类对自然的肆意妄为，导致全球性生态灾难日益严重，这给我们敲响了警钟。这就要求我们在发展经济的同时，一定要尊重自然客观规律，实现人与自然的和谐发展。

人与社会的和谐。在人与人的社会关系中，利益关系是最根本的关系。人与社会的和谐就是人们之间的利益关系得到公正的判断。要做到这一点，就不能有剥削与压迫，否则利益的激烈冲突会加剧社会矛盾，引发阶级斗争和社会革命。所以要真正实现人与社会的和谐，必须以公有制为主体，推进共同富裕目标的实现。从个人层面来说，实现这一目标，需要遵纪守法、维护公共秩序，敢于主动承担社会责任。

二、和谐是人们的价值追求

和谐一直是人们重要的价值导向和精神夙愿，尚“和”心态在中国人心理特点中占重要的地位。几千年来，我国古人就有“天人合一”“以和为贵”“君子和而不同，小人同而不和”等思想。我们为什么要崇尚“和”呢？这其中包含着深厚的社会经济文化历史根源。

农业经济为主，为尚“和”心态的形成提供了经济基础。在一个以农业为主的社会中，人们主要依靠种地来获得生存，而土地是固定不动的，这就导致依附土地的人也很少流动。他们出生在这片土地，生长在这片土地，埋葬在这片土地。大家抬头不见低头见，自然就形成了熟人的社会。熟人之间的交往是比较频繁的，一般不会与人斤斤计较，而是秉持“以和为贵”“与人方便就是于己方便”的待人格言。因此邻里之间产生尚和心态就不足为奇了。

尚和心态也有着深厚的文化背景。中国自前秦以来就非常推崇“和”。《论语》中有：“礼之用，和为贵”，认为“礼”的作用以和为贵、为美。《孟子》一书中也强调“天时不如地利，地利不如人和”。在传统文化中，不单儒家崇尚“和”，道家和佛家也是。如老子曾说，“万物负阴而抱阳，冲气以为和”。老子认为阴阳相互作用就构成了和，和是宇宙万物的本质，也是天地万物生存的基础。佛家的重要理论之一就是因缘和合说。佛教认为世界万法都是因缘和合而成，没有其独立性。

总而言之，尚“和”思想是我国传统文化的重要特色之一。正如胡锦涛同志曾在耶鲁大学演讲中所说的，“中华文明历来注重社会和谐，强调团结互助。中国人早就提出了‘和为贵’的思想，追求天人和谐、人际和谐、身心和谐，向往‘人人相亲、人人平等、天下为公’的理想社会。“和”已经成为中国人的集体潜意识，经过文化的传承，一直延续至今，给中国人的气质烙下了重重的文化印记。

三、身心之和的实现

从心理学角度来讲，身心之和对应身心关系，涉及自我层面，即妥善调节身与心的关系，主我与客我的关系，知情意行之间的关系。个体只有实现了身心之和，才能去更好地追求人际之和与天人之和。

但身心一旦失和，个体就容易产生身心疾病。主我与客我失和，容易产生自傲（对主我的评价太高）或自卑（对主我的评价太低）等不健康心态。知情意行一旦失和，就容易让个体产生撒谎（知行不合一）、意气用事（行为缺乏理智控制）、冷漠无情（行为没有情感）等不良行为。

身心之和的实现，需要坚持和贯彻“中和位育”的思想。“中和位育”是儒家的核心口号，“中和”是目的，不偏不倚，协调适度；“位育”是手段，各守其分，适应处境。

“中和位育”最先出自《中庸》，其开篇说：“喜怒哀乐之未发，谓之中；发而皆中节，谓之和。中也者，天下之大本也；和也者，天下之达道也。致中和，天地位焉，万物育焉。”意思就是说心里有喜怒哀乐却不表现出来，这是“中”，而表现出来却能够有所节制，这是“和”。中，是稳定天下之本；和，是为人处世之道。万物各在其位，各安其所，这样天下才会井然有序，和谐共生，不断发展。

从“中和位育”的解释我们可以看出，身心之和需要在两方面开展工作：第一，“位育”，每个人都做自己分内的事，各就各位，各司其职，在建构良好秩序的基础上寻求发展，这是追求外在价值的和谐；第二，情志中和，控制好自己的情绪，不要动不动就激动，动不动就委屈，动不动就忧伤，要求你的内心对自我有一个掌控，仍处于内在身心和谐的范畴。

现代社会与传统社会最大的不同，就是现代社会有了边界意识，建设和谐社会，离不开大众的独立人格。而明确自己的知识、经验、能力的边界，是现代人独立意识的开端。没有独立自我的个体，身心是很难和谐的，如果社会上不具备边界意识的人很多，这个社会也很难谈得上和谐。

我们做心理咨询时，发现来咨询求助的人，大多都存在边界不清的问题。不是他应该承担的，他去承担了；不应该他管的闲事，他管了；不应该他受到委屈，他受了。

我们再来看看“情志中和”。情志中和，这个很好理解，就是自我情绪管理。通俗来说，就是要控制住自己的情绪，不要过分焦虑，不要过分恐惧，不要过分压抑，要让自己的情绪保持一个稳定的状态。这个时候你就守住了一个中庸之道。

精神分析大师弗洛伊德认为，人们很多的心理问题都是由于过度压抑造成的。凡是被压抑的，都会以更丑陋的形式展现出来。虽然这句话乍听上去感觉有点绝对，甚至还有点“危言耸听”，但是仔细想来，的确我们很多时候“心气不顺”“烦躁不安”“焦虑失眠”多少都和压抑有关。

压抑会导致身心失调，严重者会产生心身疾病。心身疾病又称心理生理障碍，是一种与心理社会因素密切相关，但以躯体症状表现为主的疾病，如冠心病、胃痛、头痛等。心身疾病是并列于躯体疾病和精神疾病的第三类疾病。目前门诊与住院患者中约有 1/3 患有心身疾病。所以，对那些有易怒、抑郁、孤僻及多疑等心理状态的人，应及早通过专家指导进行心理调适。

总而言之，身心和谐的实现，需要“中和位育”的理念做支撑。在外部价值追求上，做到各就各位，具有边界意识；在内部自我管理上，要情志中和，把自己的情绪控制在适当的位置。

四、人际之和的实现

和谐的人际关系需要符合两个标准：一是尊重，交往双方从心里尊重并接受对方的性格特征；二是心和，就是在心里接受对方的基础上，再通过或沟通对话，或适度竞争，或互相包容等方式建立平衡关系。

1. 尊重

在人际交往中，最怕有矛盾出现，但矛盾同时也是考验双方关系的机遇。矛盾的发生本已危及“和”的存在。若不采取得当的措施，可能将辛苦建立起来的人际关系毁于一旦。例如两个人有矛盾，跟周围的人诉说了，但是双方却没有沟通，那这两人的关系就可能越走越远，甚至导致“老死不相往来”的结局。但矛盾产生时，补救措施得当，则可能会化干戈为玉帛，重新修复好彼此之间的和谐关系。

很多人会害怕有不同意见出现。往往因为观点不同导致人们发生争执，就有人出来充当和事佬：“好了好了，大家不要吵了，我们都退一步……”这是最糟糕的。就是因为总有这种老好人和稀泥，才使不同意见没有得到充分表达，我们才没有机会朝着更和谐的方向去走。

其实人们充分表达自己的观点，正说明大家不卑不亢，坚持了情志中和的原则。如果一个社会，人人都是压抑着的，有意见不提，有情绪不表达，那这个社会是很难和谐的。当不同意见出现时，预示着问题正迈向和谐解决的第一步。

最怕“面和心不和”“表面一套，背后一套”的伪和出现。表面上看他们关系和谐，但心中彼此怨恨对方，或者一方对另一方心存不满。如越王勾践与吴王夫差，鸿门宴中项羽与刘邦的关系就是典型的“面和心不和”。这里除了和人情、尚和、畏争有关之外，也与双方沟通不到位，没有正视彼此之间的冲突，只在表面敷衍也有关。

这就要求我们在消除“面和心不和”时，除了要提高自己的修养与智慧，尊重对方的人格与正当权利外，还要正视双方之间的矛盾，采取积极的措施进行挽救，绝不可表面敷衍。退一步讲，就算积极沟通不能完全解决双方之间的问题，但是对于不良情绪，可以宣泄掉1/3，接受1/3，升华1/3，这个时候也能带来身心和谐。

2. 心和

心和就是在心里接受对方的基础上，再通过或沟通对话，或适度竞争，或互相包容等方式建立平衡关系。如果我们在面对问题时，充分表达后仍然无法达到一致，就需要求同存异了。

我国的外交政策主张求同存异。由于历史的原因，每个国家都有自己的文化和政治制度，中国在世界上能赢得那么多发展中国家的理解与支持，就是因为我们会尊重他们。没有尊重是不可能和谐的。现在做社会服务的工作人员，如果真的理解和谐，真的懂尊重，那么很多问题都是能够避免的。

其实很多社会问题，并没有完全得到解决，但也并没有再次激化。就像身体里边的病毒肿瘤，只要它不再继续恶化，就是一种和谐状态，谁不是带着病在生长与生活。社会也是带着“病”生活的，人也是带着“病”生活的，关键是这个“病”有没有继续恶化。

很多人因为不想看到问题没有解决，所以总是想方设法地让意见一致。其实我不认同你，但我尊重你的表达，这也是一种和谐。问题没得到解决，但我们允许问题的存在，允许不同意见的出现，这还是和谐。

五、和谐的三个层次

和谐有三个层次：一是杜绝不和谐，二是理解和谐，三是维护和谐。

1. 杜绝不和谐

和谐要维护社会正常运转，维护所有人良好状态。我们有时会听到谁被和谐了，为什么被和谐了呢？因为他在宣扬不正确的价值观，他在妄论时政，散播不良思想。这严重干扰了正常的社会秩序，不利于社会生活的正常运转。此时需要对这些不和谐的现象进行管控。

2. 理解和谐

构建社会主义和谐社会是长期的历史任务，绝不是一蹴而就的。在此过程中，会产生一些不和谐、不公平的现象，这也是避免不了的。我们不能因为某些不和谐现象的出现就对整个和谐社会的构建蓝图产生怀疑。当然，你不认同和谐社会，也没关系，每个人都有自由意识，旁人无法剥夺。但请你不要急于发表言论，保留自己的质疑，多多观察一番。理解和谐并不是示弱，也不是低眉，而是一种友善的表现。

3. 维护和谐

理解且认同和谐之后还要主动去维护和谐。有人担心维护和谐会让自我意识被侵占。维护和谐并不是拿走自我意识，比如维护公德人人有责，公德就是大家共同的利益，和谐的场面。

六、勇于维护和谐

维护和谐是需要勇气的。勇是我们传统文化中很重要的一个美德。在我看来勇分三个层次：小勇、中勇和大勇。

小勇是匹夫之勇，敢和别人干仗，敢拿刀去拼，这属于匹夫之勇。如果社会中的人都是小勇，都是靠武力来解决问题，就容易导致社会混乱。当然现阶段这样的匹夫之勇也是极少数的。

中勇是别人骂我，我能忍住不理他，这时我已经有了足够的信心和底气。宽恕是一种积极品质。别人暂时对你进行了侮辱，你受委屈了，可你能够宽容他人，这就是中勇。现在很多人，忍耐一会都受不了。看到一点点水花，就觉得对自己不利，要跳起来反抗，还总认为自己很了不起，这样的人不能承受一点委屈，牺牲一点利益。这是缺乏中勇的表现。

大勇就是当别人误会我，我却无法解释时，敢于承担责任，大勇其实是一种大智慧，是一种大的心理资本。

不把做的好事记在心里，将会为你带来巨大收益。反过来也是一样的，如果别人对你产生了误会，你无法解释时，敢于承担责任，将会形成一种反作用力，会使你有很大的收获。

总之，和谐社会需要的是中勇、大勇的人，如学有所教、劳有所得、病有所医、老有所养、住有所居……需依靠每个有健全人格、有勇气的人去实现。

参考文献

[1] 张晓东 . 和谐价值观的“和谐”价值 [J]. 南京社会科学 ,2015(03):59-63.

[2] 唐勇 , 曾宇辉 . 论社会主义核心价值观中的“和谐” [J]. 韶关学院学报 ,2015(05):39-41.

[3] 韩震 . 论作为社会主义核心价值观的和谐 [J]. 高校理论战线 ,2012(04):33-37.

[4] 李俊璞 . 公正·和谐·幸福 : 对社会主义核心价值观的再探索 [J]. 青年与社会 (下),2013(07):261-262.

[5] 汪凤炎 , 郑红 . 中国文化心理学 [M]. 广州 : 暨南大学出版社 2017:137-172.

[6] 方克立 . 关于和谐文化研究的几点看法 [J]. 民主 ,2007-

(08):32-34.

[7] 李国娟 ."中和位育"的现代社会价值:论传统儒家思想与社会主义和谐社会[J]. 辽宁大学学报(哲学社会科学版),2006,34(04):11-15.

[8] 叶匡政 . 漫议边界意识[J]. 民生周刊,2014.

第十五章
平等：正确归因，合理认知

“自由、平等、公平、法治”是社会主义核心价值观社会层面的价值准则。“平等”作为社会层面的第二个价值目标，是人类社会的价值追求和理想诉求。

一、平等的解读

平等作为社会层面价值观的追求之一，有着丰富的内涵。平等主要表现在政治、经济、法律、人格和机会等方面。

1. 政治方面的平等

人们在政治上享有平等的权利。我国宪法规定公民平等地享有选举权和被选举权，平等享有言论、出版、集会、结社、游行、示威的自由，公民平等地享有监督权和获得国家赔偿权，这保障了公民在政治上享有平等的权利。

2. 经济方面的平等

人们在经济上享有平等的权利和义务。我国的经济制度是以公有制为主体，多种所有制经济共同发展。分配制度是按劳分配为主体，多种分配方式并存。这就保障了按劳动取得报酬的平等权利，保障了在经济上实现平等。考虑到个体所提供的劳动数量和质量上的差别以及智力上的差异，经济上实现的平等是相对的，绝对平等是很难实现的。如果一味追求经济上的绝对平等将会扼杀人们的积极性，从而不利于社会公正的实现。

3. 法律面前的平等

人们在法律面前一律平等。我国宪法规定：中华人民共和国公民在法律面前一律平等。这就表示着我国公民平等地享有法律规定的权利，平等地履行法律规定的义务，任何人不得凌驾于法律之上。

4. 人格上的平等

人虽然在生理、心理以及家庭出身方面有差异，但是人格是一律平等的。我国宪法也规定，公民的人格尊严不受侵犯。刘少奇同志也曾经说过，虽然人在社会上有分工的不同，但是没有高低贵贱之分的。

5. 机会上的平等

社会应该为每个成员的自我发展、自我完善平等地提供必要的机会和条件。实现教育、就业、医疗、福利等公共服务方面的平等，使人人都有平等参与、平等选择、平等竞争的机会。

平等是社会主义本质的体现。邓小平曾经说过，社会主义的本质是解放生产力，发展生产力，消灭剥削，消除两极分化，最终达到共同富裕。只有“解放生产力，发展生产力”才能摆脱贫穷，才能为人的平等创造物质条件，这是平等价值观实现的前提。只有“消灭剥削”才能消除政治上人压迫人的不平等现象，进而实现政治上的平等；只有“消除两极分化”才能消除经济上的贫富悬殊，实现经济上的平等，这是平等价值观的内在要求。只有“达到共同富裕”才能实现人与人之间的完全平等，这是平等的价值理想。

社会主义核心价值观在社会层面的表现是自由、平等、公正与法治，这四个价值观也是相互统一的。其中自由蕴含着平等，平等不仅构成了自由的基础，而且也是对自由的有效维护；公正意味着平等权利的实现；法治作为一种正义，崇尚的也是平等的精神。

追求平等，一直是我国社会主义不断发展、完善的现实诉求。几千年来，我国奉行严格等级序列的不平等制度，缺乏权利平等的理念和制度。但现在要实现人民当家做主，就必须要消灭阶级，使广大人民拥有平等的政治权利和社会地位。如果人民不能平等地参与社会事务、政治生活，那就谈不上真正的平等。如果社会还是把人分为三六九等，那人民的主体地位就变成了空谈。

二、认知水平决定了平等能力

客观来讲，现阶段我们已经实现了权利平等，但是由于每个人的认知不同，就可能出现偏差。认知角度不同，对平等的理解就不同。

去大城市打工的务工人员，会存在两种认知，一种是这个社会是平等的，只要我们努力，在大城市也可以发展得很好。还有一种认知是我们千里迢迢跑到这边来打工，辛苦工作，而他们本地的人什么都不用干，还能拿到很多福利，这也太不公平了吧。

第一种认知的人把自己与当地人放在了平等的位置上，即使外地人去大城市打工，很是辛苦，要在大城市买一套房子，可能需要很多年的奋斗，甚至一辈子都买不到房子，但是，外地人通过自己的努力拼搏，一样可以在大城市闯出一片天地，因为每个人都在追求自身的目标，以及在实现这个目标的过程中所获得的价值。所以在机会上大家是平等的。

存在第二种认知的人，其实已经出现了认知偏差。即便这个社会是平等的，也会被他理解为不平等。他只看到了当地人享有的福利政策，却忽视了自己也是可以通过努力获得的。他把自己当作受害人，当作可怜人，通过抱怨来面对自己当前的处境，没有把自己同当地人放在平等的位置上，这实际上就是一种“自我示弱”“自我贬低”的表现。

有平等价值观的人，是有合理的认知能力和水平的。现在社会上很多人认知水平不够，看问题不全面。他看到了下边却看不到上边，看到左边就看不到右边。存在第二种认知的人就是如此。

我们的认知水平决定了我们的平等能力。可能有人会有这样的疑问：那是不是说一个人不管外部的环境多么糟糕，在他这里都可以看作是平等的，就像一个物体明明是斜的，我为了把它看正，就斜着头看。这就属于不合理认知了。外部环境是平等还是不平等，我们要区别对待。

现在网上有很多的人，隐藏在屏幕后面，吐槽一大堆乱七八糟的东西。当吐槽成为一种习惯后，他们在认知上就不再谋求认知的正确性，即便你是平等的，可在他们眼中，就是不平等的。

不知大家有没有了解过，以往在社会服务和社会治理中，也会遇到很多问题，但是这些问题大多不需走司法程序。只要找一个能说得上话的人，有威望的人，做做思想工作，问题就解决了。这就是人与人之间形成的文化生态。

现在这种生态没有了，很多人谁都不听，谁都不信。他坚定地认为：你们所有人都和我不是同一阵营的，都不是真心为我好的，我要听了你们的话，我就吃大亏了。这就失去了平等的能力。

三、不合理认知

在平等的价值观教育上，应该着手让个体拥有合理认知。心理学上有一个合理情绪疗法，在帮助求助者因不合理信念产生的情绪困扰。此理论认为，人们引起情绪的困扰并不是来源于事件本身，而是人们对事件的态度、看法、评价等认知内容，要改变情绪困扰，就得在认知改变上下功夫。

心理学家总结出不合理认知的三个特征，即绝对化的要求、过分概括化、糟糕至极。

绝对化要求就是人们以自己的意愿为出发点，对事物怀有必定发生或不会发生的信念。比如说，只要我努力，就应该收获成功；只要我喜欢你，你也应该喜欢我。这类信念之所以不合理，主要原因是忽视了事物的发生和发展规律。没有认清事物的发展是不以人的主观愿望来转移的，因此，考虑问题的时候不能太过绝对，要留有余地。

过分概括化就是以偏概全的思维方式。其典型特征是以某一件或某几件事来评价自身或他人的整体价值。例如，一遇到失败，就认为自己“一无是处”；别人稍有过失，就认为这人“能力不够”，或“人品不行”；别人和自己意见一有不合，就认为这人“和自己不是一路人”。对于此类不合理信念，我们需要注意的是：评价一件事而不是评价一个人，即对事不对人。

糟糕至极是对事物的后果做出非常可怕、非常糟糕的预期信念。认为一件不如意的事情发生了，将是“灭顶之灾”“大难临头”，从而消极预测未来而不考虑其他的结果。如考试前，有的学生会想“到时候我会很紧张的”“我肯定会考砸的”等。

这种糟糕至极的消极暗示，会加重焦虑、自责、悲观、抑郁等负面情绪。这种信念之所以是非理性的，是因为在同一件事情上，幸与不幸是彼此相连的，没有任何一件事情被定义为百分百糟糕透了。若我们只看到暂时的结果，而忽视了事件的全部，就会得出片面的认识。并且对于其他事情来说，可能还有更糟糕的情形出现。

四、归因方式

不合理认知的产生和归因方式有关。海德是归因理论的创始人，该理论主要解释日常生活中的人们是如何找出事件的原因的。海德认为人有二种强烈的动机：一是对周围环境贯性理解的需要；二是控制环境的需要。而要满足这两个需求，人们必须有能力预测他人将如何行动。所以每个人都会致力于寻找行为的原因。

海德将行为原因分为两类：外因，包括任务难度、运气、他人影响等。内因，包括人格、情绪、能力、努力程度等。如果行为归为是外因，则行动者不需要负什么责任；如果归为内因，则行动者就要对行为结果负责。海德认为，一个人只有首先认清行为的主要原因是内在的还是外在的，才能有效地控制行为。如果对行为进行外归因，则行为再次出现的可能性就比较小，如果对行为进行内归因，行为再次出现的可能性就比较大。

现在我们对大众的教育，理念层面的内容太多了，而具体在认知行为上的引导太少了。对待平等价值观的教育，也是如此。应该慢慢地培养个体的正确归因，合理认知。

现在一些基层单位，在进行社会治理时，分不清大众的哪些情绪是真实的，哪些是伪装出来的，哪些情感是需要关注的，哪些情感是需要忽视的，于是干脆就一刀切，对所有的负面情绪都统一处理。这样是省事，但在社会治理、社会服务中就容易出现问题。

相关部门在处理大众问题时，需能够多角度地考虑大众的需求，认真地倾听他们的诉求。只要我们在这方面做得更多，人们是能感受到这份心的，能感受到自己被平等对待的。这样有利于平等心理能力的提升。

五、平等心具备的心理能力

要拥有平等心，需要具备四种心理能力。一是参与的能力，二是体验的能力，三是享受的能力，四是自觉的能力。

1. 参与的能力

参与的能力是指一个人愿意参与一些事物，愿意投入当下。

例如社区服务，我们可以组织社区居民参与一些社会活动，当这些居民能够活泛起来，而不是宅在家里，后面的工作就好进行了。美国前总统奥巴马，就担任了七年的社区召集者，他组织居民积极参与活动，同时也锻炼出了他非常强的组织宣传能力。而这项能力在社会服务中是非常重要的。

我在社区进行心理服务时，发现了一个问题，相信这个问题很多社区组织者也会遇到，就是让居民来参加活动，他们都不愿意来。现在一些比较偏远的农村地区，为了让村民参加活动，就会发一些奖品。但是在我看来，为了获得一些利益，而去参加培训的人，其实是没有体验，也没有享受的。

社区服务想要培养居民的平等心，就要让他们从家里出来，并参与活动。当然要多组织一些居民感兴趣的、贴近大家生活的、能够为大家所用的活动。例如现在大家都很关注教育孩子，如果社区进行一个教育培训的活动，相信很多人都会主动来参加的。

2. 体验的能力

体验的能力是指通过实践来感受自己内心的情感。体验是最好的教育，通过行为体验可以升华到内心体验。最终的目的是让居民在活动中有所体验，如果居民能够有所体验，有所享受，这才说明活动效果达到了。

社会心理服务工作的开展，就是让大众在这里有体验。面对老年人，我们可以组织适合老年人的活动，面对那些在家里带小孩的年轻妈妈，可以组织年轻人喜欢的活动。大家在活动中有所体验，社会心理服务就好开展了。

3. 享受的能力

享受的能力是指能够享受当下，不会被别的事所困扰，所分心。能够在参与和体验的过程中引发积极情绪。我们知道，情绪是会影响个人的认知逻辑的，如果某人的情绪越积极，他对问题的看法越客观，反之，情绪越消极，看问题也就越消极。

这里我给大家穿插讲一下幸福五元素理论。塞利格曼认为一个人的幸福和五个元素相关，这五个元素分别是积极情绪、投入、良好的人际关系、意义和成就感。

大家看幸福的这五个元素，和刚才我们说的平等心所需要的心理能力：参与、体验、享受是不是有关联的。比如说参与与体验就对应着投入，享受对应着积极情绪。既然两者有如此联系，我们在提升个体平等心的同时，也是在间接地提升了幸福感。

4. 自觉的能力

在平等价值观地践行中，还需要一个很重要的心理品质，就是自觉。自觉是对现有秩序的一种主动维护。任何群体都有自己的规则，都有文化秩序。例如我是个军人，即使不穿军装，我走路也要挺直腰板。我是个老师，即使我没有在学校，如果遇到三观不正的人，我也要提点一下，这已经形成一种文化自觉。

当每个群体的人，都主动地维护所在群体的文化秩序时，这个社会的平等能力就会提高。现在我们的文化自觉是不够的，它冲击了平等的心态。很多负面新闻的报道，会让人们感受到没有被平等对待。

在提升社会平等这个工作中，我们要去做自觉教育，尤其是文化自觉。部队中不允许穿军装出来，因为如果穿着军装，就要随时注意军容军姿，否则会被一些有心人士拍照发在网上。这会破坏军人整体的形象。

穿上军装，就会有意识地维护军人的形象。就像我做心理学，也要去维护我们这个群体的文化。当我们大家都有意识地去维护团体文化，自觉地去学习去成长的时候，就会促进社会的平等。

参考文献

[1] 贾英健．论作为社会主义核心价值观的平等[J]. 北京师范大学学报(社会科学版),2015(03):15-25.

[2] 陈华 . 社会主义核心价值观内容解读之“平等” [J]. 思想政治教育研究 ,2015(01):53-55.

[3] 张辰琛，梁秀枝 . 社会主义核心价值观中自由与平等的兼容性研究 [J]. 产业与科技论坛 ,2013(14):124-125.

[4] 刘涛 . 自由、平等、公正、和谐社会主义核心价值观的内涵 [J]. 济宁学院学报 ,2013(02):106-112.

[5] 高慎淦 . 浅论社会主义核心价值观视域下的平等 : 以平等分配为例 [J]. 党史博采 (理论版),2014(03).

第十六章
友善：善良的能力

“友善”是社会主义核心价值观个人层面的内容，与“爱国、敬业、诚信”一起构成公民道德层面的基本理念。当人际交往冲突不断、道德冷漠现象时有发生的情况下，我们便能深切感受到人们对友善的渴望。理解友善的内涵和价值，及它与积极心理学的关系，对我们培育和践行“友善”价值观具有非常重要的意义。

一、友善的内涵

自从友善被提升为核心价值观后，越来越多的学者开展了对友善的研究，其中最具争议性的当属对友善概念的解读。概括来说，主要有以下几个观点：

第一种观点，友善是“像朋友一样善良”，寓意是相互帮助和相互祝福。这可能是基于对“友善”字面上的解读。友善在古汉语中是由“友”和“善”这两个独立的字构成的。“友”是两人结交，协力互助；“善”是神态安详，言语谦和。两字结合起来，就是两人结交时要言语谦和，在人际交往时要秉持善良之心。但是这并不是对友善的全面解读。因为朋友也是有很多种的，孔子在《论语》中就将朋友分为益友和损友。我们对益友是要善良，但是对损友善良，就是在为虎作伥。除了没有对朋友的性质进行区别之外，这个解释还有一个不合理之处，就是“相互帮助”和“相互祝福”。如果朋友不需要你的帮助，你非得伸把手，这不是“多管闲事”吗？显然“多管闲事”并不是一个褒义词，这与“友善”明显是不匹配的。

第二种观点，友善是指公民之间相互尊重、相互宽容、相互帮助的和谐社会局面。友善作为我国的传统美德，一直是人际相处的道德标尺。比如儒家的“仁爱”思想，墨家的“兼爱非攻”思想，就是“友善”最主要的理念来源。“友善”是个人的德行和修养，是判断人的本性标准，悲悯之人，人皆有之。友善也是人与人相处的基本准则。没有友善，和谐安定有序的社会将无法实现。这个观点其实已经对友善的行为表现进行了很好的解释，但是仅仅从历史角度来阐述，并没有对友善的本质进行清楚的界定。

当然还有学者认为友善是出于善意对他人的友好宽容的态度和助人为乐的行动。知行统一性和层次性要求是友善的主要特征。所谓层次性要求，是指友善的内涵包括不同层次，理解和尊重是处于较低层次的知与情方面，毅与行处于较高层次的实践方面。这种观点对友善的内涵进行了逻辑分析与挖掘，但是并没有揭示友善作为意识形态对人们的影响。

虽然三者都从不同角度解释了友善的内涵，但是并不全面与客观。根据社会主义核心价值观对友善的定义，友善是强调公民之间相互尊重，相互关心，相互帮助和和睦友好，努力形成社会主义的新型人际关系。

友善之所以能够提升到核心价值观的高度，一个重要的原因是社会转型。在社会发展转型的今天，传统的“熟人社会”的社会格局已经被打破，“陌生同道”的交往格局已经形成。居民的公共空间日益增大，由此产生的摩擦与矛盾也日益增多。理解、尊重和宽容已经成为个人工作和生活顺利开展的必要条件。另外，转型时期，人们的利益分化和差异也越来越明显，产生的社会矛盾也越来越多，人们就会强烈呼吁友善这一人际交往润滑剂。

建立友善的核心价值观也是具有重要意义的。友善是和谐社会建设和实现中国梦的重要目标。人的本质是社会关系性，当我们的生活已经不再单单局限于物质追求时，人生发展和精神满足就显得越来越重要。善待亲人，可以建立和谐的家庭关系；善待他人，可以建立和谐的人际关系；善待社会，可以形成和谐的社会关系。所以，友善利于亲人，利于自己，也利于社会。社会核心价值观需要友善的加入。

二、社会呼吁友善

与人为善，能够营造出家庭和谐、人际良好、社会温暖的氛围，而与人为恶，则会导致邻里纠纷、矛盾冲突、社会混乱的局面。然而我们当下正处于转型期，人际不友善的现象频繁发生。

如“见死不救”“见人摔倒不扶”就属于人际不友善的行为。2014 年沈腾与马丽更是将这种现象搬上了春晚的舞台，这个小品也成为马年春晚笑声最多的节目，由于台词有趣还被观众疯狂转发。其中小品中结尾的一句：“这人倒了咱不扶，这人心不就倒了吗？人心要是倒了，咱想扶都扶不起来了。”更是引发了人们深思。趋利避害是人性的本能。如果一些行善的行为会给自己的安全、利益等带来损害，人们往往不会去做。如“见死不救”“见人摔倒不扶”就属于这种行为。但是当这种事件多了之后，友善这种美德受到巨大的冲击时，我们的内心也会渐渐封闭起来。

类似老人扶不扶的现象还有很多，如对老师不友善，甚至还大骂老师；对家人不关心，许多人从来不主动给父母打电话；对朋友缺乏尊重，经常为一些微不足道的小事发生激烈冲突。造成这种局面的原因有很多，概括来说，主要有以下几条：

第一，个人利益至上的思想导致我们很少考虑别人，而网络媒体为了吸引眼球，也会放大道德悲情，甚至会丑化人性，加剧人们之间的猜忌与怀疑。

第二，缺少社会支持，这也是由利益驱使导致的，个人只顾自己的利益，不顾他人，就会增加人与人之间的隔阂。人们都带着伪善的面具，不敢真心交谈，这也就造成了社会支持系统的缺乏。社会支持系统弱，自然就不太相信别人。

第三，制度的不完善，特别是关于友善的法律法规。就拿老人扶不扶这个事件来说，为何这类事件频发，正是因为我们相关的法律法规不太完善。老人在我们的心目中一直是弱势群体，一直是受法律重点保护的，但这些弱势群体犯起法来，也丝毫不亚于正常人。年轻人敲诈勒索，我们可以秉公办案，该拘留拘留，该罚款罚款，怎么一到老人这里，就不一样了呢？甚至还当作闹剧来处理。正是由于相关法律的“纰漏”，此类事件才会频繁出现在公众视野，法律制度的完善，是我们需要重视的。

三、善良之心，人皆有之

孟子有说过，“恻隐之心，人皆有之”，恻隐之心就是同情心，就是慈爱的心。人人都有同情心，就是每个人内心其实都有一种原始的良知、良能。

王阳明主张致良知。“致知”就是致内在的良知，“良知”既有道德意识的含义，也是指最高本体。“致良知”就是将良知推广到事事物物，在实际行动中实现知行合一。知之真切笃实处即是行，行之明觉精察处即是知，知和行统一起来，就是致良知。

王阳明认为，良知人人具有，是一种不假外力的内在力量。从孟子与王阳明的思想中，我们很容易看出这两位思想家都是认同“善良之心，人皆有之”，主张“人性本善”的思想。

当然也有思想者对此持否定观点。如荀子主张“人性本恶”，告子认为人性没有善恶之分。尽管人性是一个很难说清楚的问题，即便是到了哲学思想进步发展的今天，学者们对这个论题也是各执一词，没有统一的说法。不过现在随着利益的冲突与人际的隔阂，人们对友善有了深深的渴望。此情此景，孟子的“性善论”对于友好关系的建立不是具有积极向上的意义吗?

另外大家也需注意，培育与践行社会主义核心价值观中的友善，有一个非常重要的命题，那就是相不相信善良是天生的，相不相信善良是每个人都有的。如果我们在思想上就持否定的态度，认为人性是邪恶的，或者有些人是善良的，有些人是邪恶的，那我们还怎能实现整个社会的友善和谐呢？我是一个友善的人，同时我也相信他人是友善的，这样才可能培育和践行友善观。相信人性本善是实现友善的第一条件。

这里给大家解释一下，我为何用儒家思想来诠释友善。因为他们的学说向我们证明：人是天生善良的，人的一生就是追求良知良能，追求善良。此书的主要立意是用积极心理学践行社会主义核心价值观，积极心理学的核心思想就是激发大家的潜能，利用自己的优势，创造幸福人生。孟子认为善良是每个人天生就具有的良知，王阳明主张致良知，这和积极心理学的思想在某种程度上是有契合之处的。所以我沿用儒家的思想来诠释友善，可以看作是殊途同归。

人性本善，人天生就具有善良之心，现在表现出的善心、善意与善行更是本心与本性的彰显，这也就是我们常说的“赤子之心”。从这个角度来说，心理学就是开发一个人，引导他回归，去寻找他原来已有的本性与良能。如果一个人能够在人性与良能的道路上一直向前，他将会达到生命中最美的状态，尽善尽美，就是这个道理。

四、友善与幸福

积极心理学之父塞利格曼教授认为，六种美德可以拉近幸福，分别是智慧、勇气、仁爱、正义、节制和精神卓越。在这六个美德中，又有各自的实现途径。其中仁爱美德的实现需要具备仁慈和爱的品质，节制美德的实现需要谦虚，卓越美德的实现要依靠感恩、宽容等品质。

我们仔细看一下，仁慈、爱、谦虚、感恩、宽容这些积极品质，是不是就是友善的表现呢？与人为善，需要仁慈与爱，需要具备谦虚的品格，需要感恩之心和宽容大度。虽然塞利格曼教授没有把友善放入 24 个积极品质中，但是这些积极品质和友善却颇有渊源，它们就像友善的代名词。

现实中有些人认为，善良就是做好人，就是品德高尚。其实这是对善良的片面理解。善良是一个人最高的追求，是人性最美的体现。《大学》开篇一句：大学之道，在明明德，在新民，在止于至善。就已经告诉我们，追求善良是人生的最终目标。可能有人会觉得《大学》这本书本身就是为统治阶级服务的，与人为善主要是当官人的追求。古代的“大学”的确是为统治阶级选拔人才的，但是不管是做官还是平民百姓，人性是互通的，我们都希望自己做一个品德高尚的人，都希望自己拥有良好的人际关系，都希望社会安定，世界和平。我们对善的追求是没有阶级之分的。如果我们把善仅仅定位成有道德或者是好人，那可就太肤浅了，至善是人生的最高境界。

我们要追求的目标是至善。如果把善比作人生的花园，那么这个花园就是生命状态当中最好的花园。我们一路都在寻找它，都在追求它。善良的人是幸福的人，或者叫追求善良的人是幸福的人。

因为追求善良的人，他们不再局限于眼前的利益和得失，不会患得患失，也不会迷失自我，当然是快乐的、和谐的、幸福的。

更深层次的善其实就是幸福。孔子告诉我们“君子坦荡荡，小人长戚戚”，就是说君子心胸开阔，神定气安；而小人斤斤计较，患得患失。我们知道“君子”是具有美好德行的，友善就是其中之一，因此也可以这样理解，友善的君子，具有积极的心态，宽容的心胸，他们能够善待他人，也能从社会中得到充分的精神满足，他们无疑是幸福的。而小人因为斤斤计较，吹毛求疵，唯恐他人侵犯自己的一点点利益，经常患得患失，焦虑、烦恼、紧张的心情紧跟左右，哪还有幸福可言呢?

马克思理论告诉我们，人的本质是一切社会关系的综合。积极心理学也告诉我们，积极的人际关系是幸福五元素之一，友善涵盖24个积极品质的多个内容。而众多生活事件也反复证明：一个爱笑的人，运气一定不会差。我们在理解和宽容别人时，别人也会善待我们。

五、友善的实现

友善的实现需要展示两个核心要素：一是行为方式上的友好，有点类似于善行；二是动机上的善良，也就是我们通常所说的善意。

首先我们来说说行为方式上的友好。行为方式上的友好表现在行动上，小到一个鼓励的眼神，大到为人雪中送炭，都可以让人感受到善良。心理中的专名词，亲社会行为，就是指代友好的行为。比如帮助、分享、合作、安慰、同情、互助等。

人都有实现自我价值的需要，很多人会通过赚钱来实现自我价值，觉得钱赚得越多，自我的价值就越大，相对应的，人生也会越有意义。可是很多人赚到钱之后，依然过得不快乐、不幸福，心里依然很空虚。欲望的膨胀是一方面，另一方面就是没有在人际中获得支持与满足。所以行为上的友善在幸福人生的实现上是占有很大分量的。

我们知道抑郁症患者更多时候认为人生没有意义，也没有价值。全世界治疗心理疾病的方法有很多。但是现在对抑郁症的治疗，不管是哪个流派的，都会沿用一种方法，而这种方法还是有效的，这个方法就是让抑郁症患者去做志愿者服务，帮助他人。

在帮助别人的过程中，获得价值感。这种价值感就是骄傲感、满意感，这就是积极情绪。在帮助他人时，抑郁症患者的热情与主动性随之也会激发出来，于是就能有能量，有干劲儿，久而久之，他的抑郁症也就好了。

从这个角度来讲，友善是一种行动，不是一种思想。不是说我们要对别人好，而是我们要真正去做一些帮助别人的积极行为。也就是说，在践行友善这个社会主义核心价值观的时候，要让人与人之间有一种互助的行为产生，大家在互助的过程中，既能找寻到自己的价值，也能打通自己的善良之泉，人性之泉，发现人性之美。

接下来我们来说一下动机上的善良。除了行为方式的友好外，我们还要考虑动机。如果你的友好行为只是为了争取名和利，或者是为了某种自我利益的驱使，那么就不能算是友善了。只有那些纯粹尊重人、爱人或者为他人的福祉考虑的友好才称得上是友善。友好的行为只有出自对善自身的追求才能称之为友善的行为，动机上的善良才是友善的根本所在。

我个人认为，践行社会主义核心价值观的友善，最好的方式就是培训更多的志愿者，发动更多的志愿服务，奖励更多的参与志愿服务的人。当然这里面要有机制，不能是混乱的、盲目的。

这就相当于现在的学生教育，要德智体美劳全面发展。志愿服务也要有体系。例如统计每个公民每年参与社会服务多少，然后依据时间的长短给予不同的奖励与表彰。当有些公民的志愿服务达到一定数量时，服务质量达到一定水平时，可以被评为模范家庭，或者是先进个人。

社会主义核心价值观，看似是高高在上的，其实这里面也包含着理论与方法。只要我们正确认识友善的内涵，用传统文化和心理学来把它落实下来，通过志愿服务，通过积极行为来做到友善，我觉得就是践行友善价值观了。

参考文献

[1] 李欢欢 ."90 后" 大学生友善观培育研究 [D]. 上海：华东师范大学 ,2015.

[2] 蒋曼 . 大学生爱国 敬业 诚信 友善价值观培育研究 [D]. 重庆：重庆工商大学 ,2014.

[3] 黄明理 . 友善之为社会主义核心价值观论析 [J]. 广西大学学报 (哲学社会科学版),2015,37(05):29-36.

[4] 徐梓彦 , 黄明理 . 友善核心价值观研究述评 [J]. 伦理学研究 ,2019(01):133-140.

[5] 刘永春 . 友善行为之道德析论 [J]. 中共太原市委党校学报 ,2015(06):48-49.

后记

到了这里，社会主义核心价值观，12 个关键词已全部讲完。我承认，有些价值观的解读比较准确和深入，也有一些在美德和心理优势上还没有完全落下来。但是每一个价值观的践行，都需要一定的心理资本和心理优势。这个理念我在书中也已基本诠释，相信读过此书的你也一定能感受到。

现在回到最开始我讲心理学发展阶段的内容。大家已经了解，心理学已经从治疗疾病方向扩展到了心理教育，目前又从心理教育扩展到对大众积极心态的提升。其实任何一门学科，尤其是心理学，一定是以服务社会，解决社会当下问题为落脚点的。如果心理学不围绕着当下社会的需求，去解决社会问题，推动社会进步，那它的价值就没有得到最大限度的发挥，作为心理学工作者，我觉得是有遗憾的。心理学应该回应社会的需求，这本书就是我在这方面进行的一个探索和尝试。

社会主义核心价值观的 12 个关键词，虽然张贴在各种宣传栏和墙壁上，很多人都对这 12 个词语倒背如流。但是具体的培育和践行人们可能无从下手。社会主义核心价值观怎么去落地，这是一个重要的话题。基层工作者在这又可以发挥什么作用，来提升居民的心理资本，这些都是大家比较关心的重点。其实现在的居委会会进行一些文化类的工作，会给村民提供温暖，也会进行居民关怀。其实这些工作内容都是在间接提升心理资本。

其实提供服务，提升心理资本，对自身来说，是有非常大的意义的。不但自己会得到一些成长，而且我们的心理资本水平也会间接提升。如果我们能带动别人去进行服务，那种意义和价值更是不言而喻的。

这看起来和践行社会主义核心价值观关系不大，其实这是另一种路径，是自下而上的践行核心价值观。先把自己成长好，一步一个脚印做出来，不能夸夸其谈，也不能因为看不到结果，看不到希望就不做，要默默耕耘，坚持自己相信的东西。只要认定这是能为居民带来利益的，能为村民谋福利的，我都会义无反顾去做。

接下来我的工作，就是围绕这些心理资本，进行培育和实践，当然我还会研发一系列的心理技术，通过具体的技术操作来引导更多人科学地、系统地践行核心价值观。这也是我开办核心价值观这门课的一个初衷。

中国梦不只是实现国家富强，民族振兴，还要全体中国人民实现幸福。我相信，只要大家具备相应的心理资本水平，每个人都可以践行好社会主义核心价值观，都会收获幸福的人生。